Kiel und Umgebung

Holsteiner Schweiz

Ostholstein und Lübeck

Im April/Mai verwandelt Raps die holsteinische Landschaft in ein gelbes Meer

Holsteiner Land

Alle Informationen, schriftlich und zeichnerisch, wurden nach bestem Wissen zusammengestellt und überprüft. Sie waren korrekt zum Zeitpunkt der Recherche. Eine Garantie für den Inhalt, z. B. die immerwährende Richtigkeit von Preisen, Adressen, Telefon- und Faxnummern sowie Internetadressen, Zeit- und sonstigen Angaben, kann naturgemäß von Verlag und Autorin – auch im Sinne der Produkthaftung – nicht übernommen werden.

Die Autorin und der Verlag sind für Lesertipps und Verbesserungen (besonders per E-Mail) unter Angabe der Auflagen- und Seitennummer dankbar.

Dieses OutdoorHandbuch hat 160 Seiten mit 53 farbigen Abbildungen, 26 farbigen Kartenskizzen im Maßstab 1:50.000/1:75.000 sowie 5 farbigen Höhenprofilen und einer farbigen, ausklappbaren Übersichtskarte. Es wurde auf chlorfrei gebleichtem Papier gedruckt, in Deutschland klimaneutral hergestellt und transportiert und wegen der größeren Strapazierfähigkeit mit PUR-Kleber gebunden.

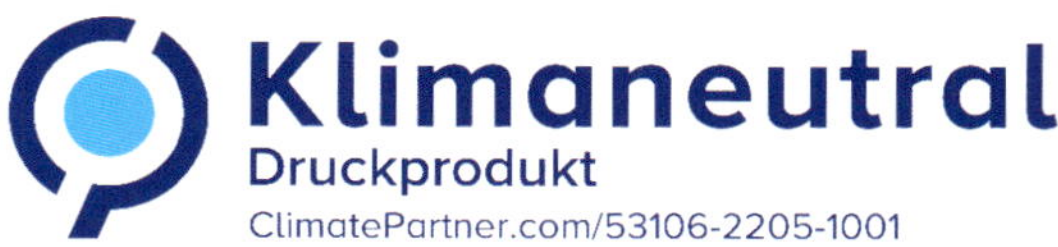

Dieses Buch ist im Buchhandel und in Outdoor-Läden erhältlich und kann im Internet oder direkt beim Verlag bestellt werden.

OutdoorHandbuch Band 363

ISBN 978-3-86686-752-9 2., überarbeitete Auflage 2022

Text und Fotos: Tonia Körner
Karten: Heide Schwinn
Lektorat: Amrei Risse, Marie-Luise Großelohmann
Layout: Anna-Lena Ebner

Gesamtherstellung: AZ Druck und Datentechnik GmbH, Kempten

Dieses OutdoorHandbuch wurde konzipiert und redaktionell erstellt vom:

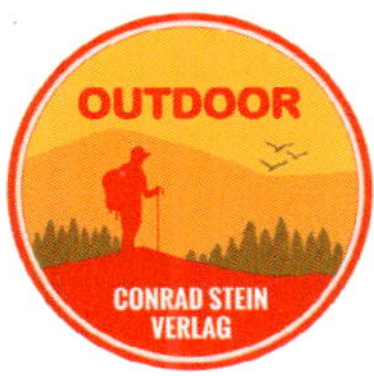

Conrad Stein Verlag GmbH, Kiefernstr. 6, 59514 Welver,
☏ 023 84/96 39 12,
info@conrad-stein-verlag.de,
www.conrad-stein-verlag.de

Besuchen Sie uns bei Facebook & Instagram:

 www.facebook.com/outdoorverlag

 www.instagram.com/outdoorverlag

Inhalt

☺ Eine **Übersichtskarte** des Weges, **Autorenprofil** sowie eine Liste aller verwendeten **Symbole** in diesem Buch finden Sie auf den vorderen und hinteren Umschlagseiten bzw. -klappen.

Einleitung

Umrahmt vom Meer, endlose Küsten, dazwischen Flüsse, über 200 Seen und die meistbefahrene Wasserstraße der Welt, im Holsteiner Land sind Sie unweigerlich auf, am, im oder über dem Wasser unterwegs. Hierher kamen die Urlauber, um am Strand zu liegen oder zu segeln. Zunächst entdeckten dann die Radfahrer die ungeahnten Möglichkeiten der Region, doch mittlerweile gehört das Wandern selbstverständlich mit ins Programm.

Das reiche maritime Erbe und der Einfluss des Wassers auf Leben und Kultur prägen nach wie vor Land und Leute. Wassersport wird großgeschrieben. Kiel und Travemünde wetteifern als Fährhäfen und Ziel für Traumschiffe. Am Nord-Ostsee-Kanal geben sich die Giganten der Welt die Schleusentür in die Hand. Ship Watching hat hier Tradition. Zahlreiche reizvolle Fischerdörfer, schnieke Seebäder, alte Kanäle, aussichtsreiche Leuchttürme und eine mächtige Hansestadt säumen die Küste. Und im Binnenland locken Bootstouren zum Erforschen der wunderschönen Seen- und Flusslandschaften. Ob kilometerlanger Sandstrand oder verträumte Bucht am Teich, baden können Sie überall. Im Holsteiner Land gibt es jedoch so viel mehr zu erleben. Der Name stammt von einem der drei ursprünglich ansässigen Sachsenstämme, den Holsten (altsächsisch Holtsaten = Waldbewohner). Wälder gibt es immer noch – so viele und so abwechslungsreiche wie den Segeberger Forst oder Deutschlands größte Buchenwälder.

Die gewaltigen Gletscher der letzten Eiszeit formten das Land. Durch Zungen, die sich vom nordeuropäischen Eispanzer landeinwärts schoben, wurde die Kieler Förde ausgehobelt. Nach dem Abtauen des Gletschereises vor etwa 12.000 Jahren entstanden zahlreiche Seen und Moränenlandschaften. In abflusslosen Senken bildeten sich Moore. Zurück blieben ebenfalls unzählige Steine – die Findlinge. Typisch für diese Hügellandschaft ist der Naturpark Holsteinische Schweiz. Mit 750 km^2 ist er der größte Naturpark des nördlichen Bundeslandes. Der größte See (Großer Plöner See, 3.000 ha) und der höchste Berg (Bungsberg, 168 m) finden sich in seinem Gebiet. Und der größte Vogel Deutschlands (Seeadler, bis zu 2,5 m Spannweite) ist hier heimisch. Die mannigfaltige Landschaft des Holsteiner Lands bietet vielen seltenen Tieren wie dem Fischotter und Pflanzen einen Lebensraum. Insbesondere die Feuchtgebiete sind wahre Vogelparadiese und laden zum Beobachten ein.

Das fruchtbare Moränenland wurde schon früh besiedelt. Davon zeugen zahlreiche Hünengräber aus der Bronze- und Jungsteinzeit. Bis zum 5 Jh. n. Chr.

hausten die Germanen hier. Im Zuge der Völkerwanderung drangen Slawen (Wagrier) von Osten her ein. Viele Ortsnamen in Ostholstein haben ihre Wurzeln daher in der slawischen Sprache. Aufgrund der Christianisierungspolitik Karls des Großen ab dem 8. Jh. wurde Wagrien langsam erobert und missioniert. Ab etwa dem 12. Jh. übernahmen die Schauenburger Grafen die Herrschaft. Spuren der damaligen Adelssitze, umrahmt von Ringwall und Wassergräben, die Turmhügelburgen, sind noch anzutreffen.

Die wechselvolle Geschichte der folgenden Jahrhunderte spiegelt sich bis heute in den weitläufigen Gütern, prächtigen Herrenhäusern und Schlössern wider. Das Holsteiner Land ist ein Bauernland. Typisch dafür zeigt sich die Knicklandschaft. Sie ist ideale Landschaftspflege, dazu wohltuender Schattenspender und Windschutz. Im April/Mai verwandelt sie sich in einen fantastischen grün-gelben Flickenteppich und die Wanderer scheinen durch ein gelbes Meer zu schweben. Schnuckelige Fachwerkhäuser, hübsche Reetdachhäuser und kopfsteingepflasterte Dorfplätze erweisen sich als kleine Orte mit großem Charme. Interessante Museen, spannende Lehrpfade, gemütliche Hofcafés, regionale Köstlichkeiten und so vieles mehr warten auf Sie – eine Wanderdestination für die gesamte Familie zum Erleben und Genießen.

Reise-Infos

Anreise

🚗 Haben Sie einmal das Nadelöhr Hamburg hinter sich gelassen, kommen Sie mit dem eigenen Pkw am einfachsten und normalerweise am schnellsten auf den Autobahnen, die die Region quasi umarmen, ins Holsteiner Land. Die A7 bildet die westliche Grenze bis Kiel, die A1 die südöstliche durch Lübeck hindurch bis nach Fehmarn. Die B404 dazwischen wurde bereits streckenweise zur A21 ausgebaut und stellt sich als eine gute Alternative heraus. Eine günstige Variante zu öffentlichen Verkehrsmitteln bietet die Nutzung einer Mitfahrzentrale. Nach Kiel und Lübeck finden Sie täglich Angebote unter 💻 www.blabla.car.

☹ Zur Ferienzeit im Sommer können A1 und A7 samstags zur Geduldsprobe werden. Dann ist Bettenwechsel in Dänemark. Fahren Sie dann lieber frühmorgens oder spätabends.

Dreh- und Angelpunkt für öffentliche Verkehrsmittel ist Hamburg. Kiel wird tagsüber stündlich und Lübeck sogar zeitweise halbstündlich von Regionalzügen vom Hamburger Hauptbahnhof angefahren. Mindestens zweimal täglich erreichen Sie die beiden Städte auch mit dem ICE oder IC. Informationen zur Anreise mit der Bahn erhalten Sie unter www.bahn.de.

Vom Hamburger ZOB starten mehrere sehr preiswerte Fernbuslinien mehrmals täglich Richtung Kiel. Etwas teurer sind die Airportbusse. Der Kielius verbindet Neumünster und Kiel stündlich mit dem Hamburger Flughafen. Von dort steuert der AirportBus A20 mehrmals täglich den Lübecker Flughafen an. Infos unter www.busliniensuche.de.

Unterkünfte

Verkehrsknotenpunkte der Region sind Kiel, Plön und Lübeck. Sowohl was das Straßennetz als auch was die öffentlichen Verkehrsmittel betrifft, von hier aus verteilt sich alles strahlenförmig über das Land und erfasst alle größeren Orte. Mit dem Auto erreichen Sie alle Touren innerhalb einer Stunde. Bevorzugen Sie es etwas beschaulicher, empfiehlt sich Plön mitten im Herzen des Holsteiner Landes am Großen Plöner See. Hier kreuzen sich B76 und B430 und ermöglichen eine kurze Anreise zu vielen Touren bzw. Sie setzen einfach den Fuß vor die Tür und es kann gleich losgehen in die grandiose Landschaft. Plön ist auch an das Bahnnetz angeschlossen und verfügt über viele gute Buslinien.

Wer kulturhistorisch interessiert ist, sollte sich in der alten Hansestadt Lübeck eine Unterkunft suchen. Der mittelalterliche Stadtkern lädt zu vielen interessanten Rundgängen ein. Von hier aus gelangen Sie außerdem günstig zu Zielen im Süden und weiter im Osten.

Familien und Freunde von Badespaß und langen Strandspaziergängen bevorzugen dagegen wohl eine Unterkunft an der Küste. Die Wahl hängt da vor allem davon ab, wie mobil Sie sind. Wer ein Auto zur Verfügung hat, quartiert sich am besten in Hohwacht ein. In noch relativ zentraler Lage können Sie die grandiose Natur vor Ort genießen, dennoch besitzt Hohwacht auch das Flair eines alten Badeorts. Und wer will, kann einiges erleben.

Bahn- und Busreisende nehmen besser ein Quartier an der Lübecker Bucht, z. B. Timmendorfer Strand. Trotz des Touristenrummels in dem mondänen Badeort finden sich auch hier ruhige Ecken an der Küste und einige fantastische Biotope.

Das Holsteiner Land ist touristisch ausgezeichnet erschlossen. Es mangelt nicht an Übernachtungsmöglichkeiten, sei es ein schickes Sterne-Hotel oder ein Campingplatz. Während der Ferienzeit, insbesondere an Wochenenden mit schönem Wetter, sollten Sie besser vorbuchen.

☹ Zur Kieler Woche in der Regel Ende Juni und zur Travemünder Woche Mitte Juli sind die Unterkünfte rund um Kiel und Travemünde ausgebucht und völlig überteuert. Wollen Sie dennoch zu dieser Zeit kommen, müssen Sie ein paar Monate im Voraus reservieren.

- 🖳 www.sh-tourismus.de, ☏ 04 31/60 05 83
- 🖳 www.ostsee-schleswig-holstein.de, ☏ 045 03/88 85 25
- 🖳 www.holsteinischeschweiz.de, ☏ 045 22/509 50
- 🖳 www.kiel-sailing-city.de, ☏ 04 31/67 91 00
- 🖳 www.luebecker-bucht-ostsee.de, ☏ 045 03/779 41 00
- 🖳 www.luebeck-tourismus.de, ☏ 04 51/889 97 00

Verkehrsmittel

Alle Touren sind per Linienbus, Zug oder Schiff erreichbar. Manchmal muss noch ein Stück zum Startpunkt der Tour gelaufen werden. Plätze entlang der Hauptverkehrsachsen und die Badeorte an den Küsten lassen sich gut ansteuern. Bei den Dörfern auf dem Land richtet sich der Busverkehr nach den Schulzeiten. D. h., erst recht am Wochenende und in Ferienzeiten ist die Erreichbarkeit stark eingeschränkt.

Am besten fahren Sie mit dem Schleswig-Holstein-Ticket. Es gilt für alle Fahrten im Nahverkehr Schleswig-Holsteins für die komplette Strecke vom Start bis zum Ziel, egal ob Regional- oder Stadtverkehr. Der Preis wird nach Länge der Strecke berechnet.

Mit einer Netzkarte ist das Ticket von der Strecke unabhängig und Sie können damit kreuz und quer durch das ganze Gebiet fahren. Fahrplanauskünfte erhalten Sie, wenn nichts anderes angegeben ist, bei den Touristeninformationen oder unter 🖳 www.nah.sh, ☏ 04 31/66 01 94 49.

Wanderinfrastruktur

Im Gegensatz zum Radwegenetz lässt die Ausschilderung der Wanderwege noch zu wünschen übrig. Es gibt kein einheitliches Wandermarkierungssystem und so orientiert sich der Wanderer oft an den Radwegschildern. Einige Touren verlaufen auf dem Europäischen Fernwanderweg E1, der hervorragend mit einem weißen Kreuz gekennzeichnet ist. Größtenteils kümmern sich die lokalen Touristenverbände um die Ausweisung der Wanderwege, die sehr unterschiedlich gepflegt werden. Daher wechselt die Markierung auf vielen Touren mehrfach. Manchmal findet sich auch gar keine. Eine gute Karte ist deswegen zur Orientierung unerlässlich.

Zum Verständnis unterwegs kurz erklärt: **Knicks** sind die vor allem in Ostholstein üblichen frei wachsenden Hecken auf mit Steinen befestigten Wällen. Durch ihre lineare Anordnung überziehen sie die Flächen weitgehend mit einem regelmäßigen Knicknetz. Ein **Redder** ist ein zu beiden Seiten von Knicks eingerahmter Feldweg.

Erfreulich gut ausgestattet sind die Strecken mit Bänken, Rast- und Parkplätzen. Meistens müssen Sie nicht lange gehen, um eine Gelegenheit zum Ausruhen zu finden. Mülleimer sind dagegen Mangelware. Außer auf dem Fördewanderweg oder Strecken auf Strandpromenaden müssen Sie Ihren Müll oder Hundehinterlassenschaften auch mal eine längere Zeit mitnehmen. Unterwegs machen oft Informationstafeln auf Besonderheiten aufmerksam. Fast alle Touren beginnen bei einem ausgewiesenen Besucherparkplatz. Der Parkplatz eines Supermarktes tut es zur Not auch mal. Je nach Witterung muss auf den Feld- und Waldwegen mit matschigen Passagen und stellenweise nach Forst- und Landarbeiten mit tiefen Furchen und aufgewühltem Boden gerechnet werden.

Eine Vielzahl von Einkehrmöglichkeiten erleichtert und bereichert das Wandern im Holsteiner Land. Zumindest ein Einkehrschwung ist auf jeder Tour eingeplant. Doch gibt es ebenfalls Strecken, wo Sie stundenlang auf kein gastliches Haus treffen oder nur beim Start-/Zielpunkt. Es wird viel Wert auf regionale Spezialitäten und gute Küche gelegt. So hat fast jede Tour ein kulinarisches Highlight zu bieten. Das Angebot erstreckt sich vom Fischbrötchen bis zum Sterne-Menü. Weil das Wasser nie fern ist, wird viel Fisch gereicht. Bekannt ist aber auch der Holsteiner Katenschinken. Im Herbst finden sich häufig Wild und Pilze auf dem Teller. Im Frühjahr locken Spargel und Erdbeeren. Und vor allem bewegen Sie sich im Kuchen- und Tortenland fort. Insbesondere die zahlreichen Hofcafés verführen mit selbst gebackenen Köstlichkeiten im gemütlichen und originellen Ambiente. Die Broschüre der Bauernhofcafès „Gemütlich Kaffeetrinken auf dem Land" finden Sie in vielen Touristenbüros oder als Download im PDF-Format unter 💻 www.lksh.de/bauernhofcafes.de. Öfters wird heimisches Obst und Gemüse – frisch, eingelegt oder eingekocht – mit Selbstbedienung am

Wegesrand verkauft. Achten Sie auch auf Schilder „Honig aus eigener Imkerei". Einige private Imker suchen am Gartenzaun Laufkundschaft für ihren Überschuss.

Geführte Touren

In vielen Naturschutzgebieten werden Führungen vom NABU Schleswig-Holstein angeboten, die Sie vor Ort an den NABU-Zentren und -Infohütten oder unter 💻 www.schleswig-holstein.nabu.de, ☏ 043 21/537 34 erfragen können. Außerdem veranstalten einige lokale Vereine Touren mit sachkundigen Führern (☞ Tourenbeschreibungen).

Die Interessengemeinschaft „Wanderbares Schleswig-Holstein" organisiert ebenfalls informative und unterhaltsame Wanderungen in der Gegend (Infos bei Gerlind Lind, ☏ 043 40/86 57).

Karten und GPS

Leider existiert keine Karte, auf der alle vorhandenen Wege verzeichnet sind. Gerade in den Wäldern Schleswig-Holsteins entstehen durch Forstarbeit immer wieder neue Verzweigungen. Trampelpfade von Tieren sorgen für Verwirrung. Alte Verbindungen werden nicht mehr gepflegt, überwuchern und verschwinden. Oder der Bauer ändert die Ackergrenzen und pflügt mal eben den Feldweg unter. Neue Grundbesitzer sperren vielleicht eine Strecke für die Öffentlichkeit.

Am besten eignen sich die topografischen Wander- und Freizeitkarten des Landesamtes für Vermessung und Geoinformation Schleswig-Holstein im Maßstab 1:50.000. Die vier Blätter (Nr. 8 Kiel/Plön, Nr. 9 Bad Segeberg/Lübeck, Nr. 10 Fehmarn/Lütjenburg, Nr. 11 Lübeck/Neustadt) decken das Gebiet komplett ab und kosten je wetterfester Version € 7,50. Für die Holsteinische Schweiz – im Bereich Preetz, Plön, Malente und Eutin – hat das Landesvermessungsamt auch eine wetterfeste Wanderkarte im Maßstab 1:25.000 herausgegeben, € 7,50.

Alternativ kann das zweiteilige Karten-Set Nr. 740 Holsteinische Schweiz, Fehmarn vom Kompass-Verlag im Maßstab 1:40.000 genommen werden, € 11,99. Die handlichen, laminierten Karten von Publicpress im Maßstab 1:50.000 erfassen ebenfalls sämtliche Strecken mit Nr. 183 Kiel und Umgebung, Nr. 184 Holsteinische Schweiz, Nr. 365 Ostholstein/Fehmarn und Nr. 375 Lübecker Bucht, je € 8.

Empfehlenswert sind die Karten von ProjektNord im Maßstab 1:25.000. Sie basieren auf den detaillierten Angaben von OpenStreetMap. Leider sind sie noch nicht für alle Regionen erhältlich. Tour 1 findet sich in der Ausgabe Kiel West, Tour 2 und Tour 9 in der Probstei, Tour 3 und 4 in Schusteracht Preetz, Tour 5 in Flintbek/Eidertal, Tour 17 in Selenter See und Tour 18 in Behrensdorf, je € 14,90.

Spezialisiert auf Landkarten und Reiseführer für den Norden ist die Geobuchhandlung in Kiel.

♦ Geobuchhandlung Kiel, Schülperbaum 9, 24103 Kiel, ☏ 04 31/910 02, ✉ info@geobuchhandlung.de, 💻 www.geobuchhandlung.de

Die GPS-Tracks zu den beschriebenen Wegen können Sie von der Internetseite des Verlags (💻 www.conrad-stein-verlag.de) herunterladen.

📖 Tipps zum Umgang mit dem GPS-Gerät finden Sie in dem Ratgeber „**GPS** – Grundlagen · Tourenplanung · Navigation" von Michael Hennemann, Conrad Stein Verlag, ISBN 978-3-86686-495-5, € 9,90.

Obwohl das Holsteiner Land vor allem im Binnenland ein ausgesprochenes Hügelland ist, betragen die Höhenunterschiede häufig nur wenig mehr als 20 m. Daher wurde bei vielen Touren auf ein Höhenprofil verzichtet.

Wandern mit Hund

Wandern mit Hund bereitet keine Probleme. Trotzdem empfiehlt es sich auch außerhalb der ausgewiesenen Natur- und Landschaftsschutzgebiete, Rücksicht auf Wild und Wasservögel zu nehmen und den Vierbeiner anzuleinen. Aufgrund des Jagdgesetzes besteht in schleswig-holsteinischen Wäldern Leinenzwang. Bei Missachtung droht eine Geldstrafe bis zu € 5.000. Aber nicht nur deshalb ist Vorsicht geboten. Wenn Hunde im Wald Tiere verfolgen oder reißen, gilt das als Wildern. Jäger dürfen ihren Liebling dann erschießen. Eine Laufleine für mehr Freilauf im Wald ist da sicherlich die bessere Alternative.Dank des Wasserreichtums können Hunde auf vielen Touren ausreichend trinken und sich an heißen Tagen abkühlen. Auf den Küstentouren empfiehlt es sich, einen entsprechenden Wasservorrat mitzunehmen.

Updates

Der Conrad Stein Verlag veröffentlicht Updates zu diesem Buch, die direkt von der Autorin oder von Lesern dieses Buches stammen. Bitte suchen Sie vor Ihrer Abreise auf der Verlags-Homepage 💻 www.conrad-stein-verlag.de diesen Titel. Unter dem Punkt „Updates" finden Sie alle wichtigen Informationen.

Der abgebildete QR-Code führt Sie direkt zu der richtigen Seite.

Wandern mit Kind

Das Holsteiner Land ist bekannt für seine Familienfreundlichkeit. Neben den zahlreichen Stränden und Badeplätzen an den Seen ermöglichen viele Attraktionen unterwegs reichlich vergnügliche Touren für Kinder aller Altersklassen. Bis auf die Seeumrundungen lassen sich die Touren bezüglich der Entfernung flexibel gestalten. Auf einigen Touren fehlt unterwegs eine Proviantstation, doch am Start/Ziel gibt es mindestens eine Einkehrmöglichkeit. Grundsätzlich verlaufen alle Touren abseits der großen Straßen. Manchmal lässt sich eine Straßenquerung nicht vermeiden. Passagen entlang nicht verkehrsberuhigter Wege verfügen über einen Gehsteig.

Kiel und Umgebung

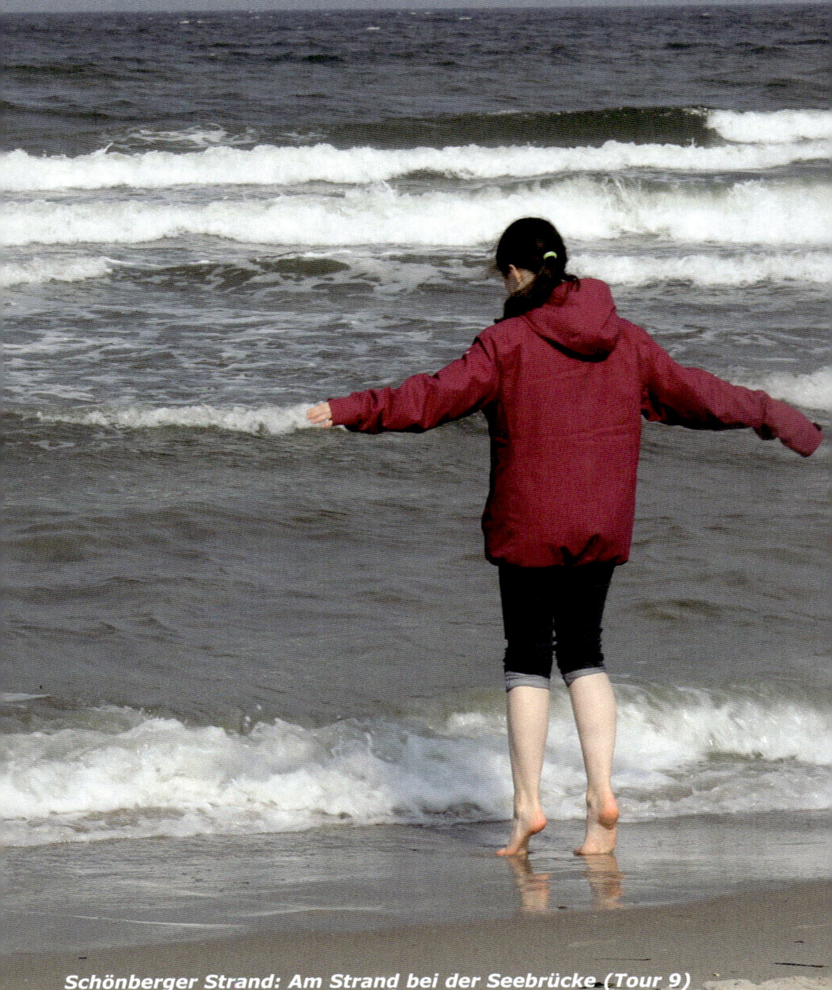

Schönberger Strand: Am Strand bei der Seebrücke (Tour 9)

 Nord-Ostsee-Kanal

Tour für Familien und Schiffsfreunde 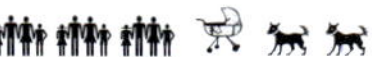

Die Tour entlang des Nord-Ostsee-Kanals und des alten Eiderkanals verspricht eine spannende Zeitreise durch die Schifffahrtsgeschichte, während die Ozeanriesen hautnah an Ihnen vorbeigleiten. Sie gehen auf Schleusen- und Ship Watching. Sei es von unten auf den Kanalwegen, hoch oben vom Ausguck auf der Hochbrücke oder auf einer kleinen Hafenrundfahrt dicht bei, der Mensch ist im Vergleich zu den Stahlgiganten immer ganz klein.

Start/Ziel: Fähranleger in Holtenau, Kanalstraße, GPS N 54°22.128' E 010°08.047'

15,3 km

4 Std.

229 m/229 m

0-46 m

unmarkiert, nicht schwer zu finden

Größtenteils wartet die Tour mit betonierten oder asphaltierten Wegen auf. Ein bisschen hügelig wird es bei der Rathmannsdorfer Schleuse. Und natürlich muss der Höhenunterschied auf die Hochbrücke überwunden werden. Als einzige Schwierigkeit zeigt sich der alte Treidelpfad. Insbesondere bei Nässe ist er äußerst matschig und sehr glitschig. Je weiter das Jahr fortschreitet versucht das dschungelartige Unterholz zudem den Pfad endgültig zu erobern, insbesondere die Brennnesseln sind dann hüfthoch. Festes Schuhwerk und eine lange Hose empfehlen sich auf der Tour.

viele Sitzbänke und Möglichkeiten zum Ausruhen

in Holtenau am Start/Ziel, am NOK (km 2,5, km 7) und am alten Eiderkanal (km 4,2)

mehrere in Holtenau

Schiffs- und Schleusenbeobachtung am NOK, Fahrt mit Fußgängerfähre

eine Treppe ist umgehbar, Schlenker entlang des alten Eiderkanals nicht machbar mit Buggy, ein Besuch der Rathmannsdorfer Schleuse ist jedoch mit einem Abstecher vom Kanal möglich

Trinkmöglichkeiten am alten Eiderkanal und an den Zuführungen des NOK (im Sommer eventuell ausgetrocknet, starkes Fließwasser), viele Radfahrer auf dem Kanalweg

P Parken entlang der Kanalstraße in Holtenau; alternativer Start am Leuchtturm in Holtenau, dort zwei Parkplätze am Tiessenkai, GPS N 54°22.141' E 010°08.995' und N 54°22.147' E 010°09.187'

 vom Hauptbahnhof Kiel: Linie 91 (Haltestelle „Jägerallee (Kanalfähre)") tgl. im 10-/30-Minuten-Takt, Linie 11 tgl. im 10-/30-Minuten-Takt, bis zum Fähranleger in der Wik, (Haltestelle „Kiel Wik Kanal") mit der Fußgängerfähre zum Start/Ziel

Sie brechen in **Holtenau** auf der Nordseite des Nord-Ostsee-Kanals – auch kurz NOK genannt – auf. Dort am Anleger der kleinen Personenfähre beginnt ein sandiger Fußweg direkt an der Wasserkante.

Im Rücken bekommen Sie einen schönen Ausblick auf die alten und neuen Schleusenanlagen. Auf der gegenüberliegenden Kanalseite breiten sich Industrieanlagen aus. Unter anderem werden dort Dieselloks und die begehrten Segelyachten des Schiffsbauers Knieriemen gefertigt. Auffällig sind jedoch nur die riesigen Getreidesilos. Geradeaus überspannen die beeindruckend hohen Bögen der beiden **Holtenauer Hochbrücken** (km 0,7) den Kanal. Sie sind 518 m lang und besitzen 42 m Durchfahrtshöhe. Die großen Pötte scheinen mit ihren Schornsteinen gerade eben nicht daran zu kratzen.

Unterhalb der Brücken fängt der zweispurige, betonierte Betriebsweg der Kanalverwaltung an. Der Platz ist äußerst beliebt bei Hobbyanglern. Wenn die Heringe von Ende Februar bis Ende Mai durch die Schleusen zum Laichen in den Kanal ziehen, drängelt sich alles hier an der engen Stelle. 200 bis 300 Heringsschwärme kommen in dieser Zeit. Ein Schwarm kann mehrere 100 t Fisch ausmachen. In ihrem Liebestaumel bringen die Heringe in den Buchten zwischen Rade und Rendsburg das Wasser zum Brodeln. An „heißen" Tagen färben die Eier das Wasser dort milchig. Die Fische können manchmal sogar einfach mit der Hand herausgeholt werden.

Bald beherrscht dichter Waldbewuchs die Ufer. Beim Restaurant **Kanalfeuer ❶** (km 2,5) verlassen Sie vorerst den Kanalweg.

Kanalfeuer, Knooper Dorfstraße, 24161 Altenholz-Knoop, ☏ 04 31/369 94 08, info@kanalfeuer.de, www.kanalfeuer.de, Mo und Mi bis Sa ab 17:00, So ab 11:30, ausgezeichnete regionale Küche, Gerichte nach Saison, großer Biergarten, Aussicht auf den Kanal, kein Wickeltisch

Mit Buggys ist die Route über den alten Eiderkanal auf dem meistens nur noch fußbreiten Pfad nicht machbar. Sie können am NOK entlang weitergehen und die nächste Möglichkeit vor den Levensauer Hochbrücken nehmen, um auf

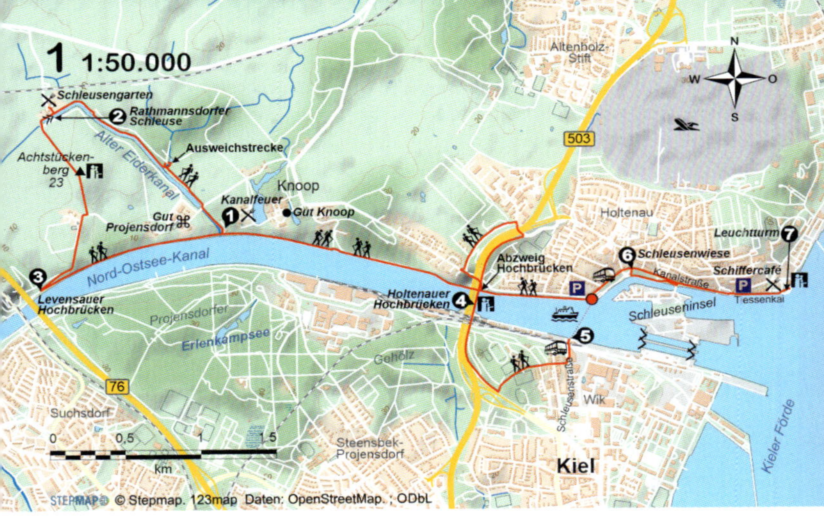

den oberen Böschungsweg zu kommen. Dort auf der Fahrstraße nach Norden laufen. In der Kurve beim Ponyhof biegen Sie auf den Feldweg am Knick ab. Er endet an der Rathmannsdorfer Schleuse. Zurück geht's wieder auf der bekannten Strecke bis zu den Holtenauer Hochbrücken.

Vom Restaurant durchschreiten Sie ein kleines Wäldchen. Die schnurgerade, ungeteerte Zufahrtsstraße mutet wie eine Allee an. Die Bäume sind malerisch mit Efeu umrankt. Am Ende liegt links das ⌘ **Gut Projensdorf**. Einen Blick können Sie ruhig durch die Bäume auf das Privatgelände der Familie Hassenstein wagen. Zum alten ⌘ **Eiderkanal** gehen Sie jedoch ein paar Schritte nach rechts. Eine kurze Treppe signalisiert am linken Straßenrand den Anfang des Wanderweges auf dem ehemaligen Treidelpfad. Kleine Boote wurden damals von ihren Besatzungen durch den Kanal gezogen. Schiffe über etwa 25 t benötigten mindestens ein Gespann. Manchmal wurden bei den großen Schiffen vier bis sechs Pferde zum Treideln eingesetzt.

Der alte Eiderkanal

Selbst Jules und Paul Verne waren bereits anno 1881 auf ihrer Reise vom Atlantik in die Ostsee fasziniert von der Fahrt mit ihrer Dampf-Segelyacht auf dem Schleswig-Holsteinischen Kanal. Der erste Spatenstich erfolgte 1777. Der 43 km lange Kanal verband die Flüsse Eider und Levensau bei Kiel. Bis zur Fertigstellung des Nord-Ostsee-Kanals 1895 stellte er die wichtigste künstliche Wasserstraße

Europas dar. Er war der erste Kanal der Welt, den seegehende Schiffe befahren konnten. Heute sind nur einige Teilstücke wie dieser 2 km lange Kanalabschnitt des historischen Wasserweges erhalten, der im 18. Jh. als Meisterbauwerk galt. Die umwucherte alte Schleuse an seinem nördlichen Ende in Rathmannsdorf bildet eine Oase für sich. Uferbewuchs, Wildblumen und Seerosen sorgen für eine Farbpalette von Hellgelb, Rosé und Grün. Blaue Flecken steuern die freien Wasserflächen bei, in denen sich der Himmel spiegelt. Die eichenen Schleusentore existieren nicht mehr, aber die wuchtigen Mauern, an denen Jules Verne anlegte, sind noch zu bestaunen.

📖 Buchtipp: Jules Verne in Schleswig-Holstein, Bericht von Paul Verne, Hg. von Frank Trende, ISBN 9783898761987

♦ Die Kanäle Schleswig-Holsteins in Vergangenheit und Gegenwart, Edition Temmen, ISBN 978-3-8378-5010-9, € 9,90

Die Brücke über den Wassergraben (km 3,1) wurde zwischendurch zwar ausgebessert, dennoch macht sie keinen besonders vertrauenerweckenden Eindruck. Wer sich nicht traut, die lückenhaften Bretter zu betreten, kann ein paar Meter weiter rechts den Feldausgang benutzen. Nur wenige Schritte nach links auf dem Feldweg entdecken Sie im Gebüsch einen Trampelpfad. Er mündet wieder in den Uferweg auf der anderen Seite des kleinen Wasserlaufes.

✕ Schleusengarten, Rathmannsdorfer Schleuse, 24161 Altenholz/Felm,
☏ 04 31/364 53 93, ✉ info@schleusen-garten.de, 💻 www.schleusen-garten.de,
🚪 Mi bis Fr ab 15:00, Sa/So ab 12:00, Winter nicht am Mi/Do

Sie umlaufen die ⌘ **Rathmannsdorfer Schleuse** ❷ (km 4,2) und steigen durch einen Redder die Knicklandschaft hinauf. Auf der Anhöhe **Achtstückenberg** (km 4,8) können Sie die Aussicht über die Felder zur Levensauer Hochbrücke im Sitzen genießen. Wenig später beim Ponyhof unten an der geteerten Fahrstraße wenden Sie sich nach rechts. Es dauert nicht lange bis zum **Nord-Ostsee-Kanal** (km 5,5). Dort wechseln Sie vom oberen auf den unteren Böschungsweg ❸ und laufen mit grandiosen Ausblicken auf die zwei **Levensauer Hochbrücken** in ihrem Rücken zurück in Richtung Holtenau.

Levensauer Hochbrücken

Die eindrucksvolle alte Levensauer Hochbrücke wurde 1893/94 gebaut. Sie war damals die längste kombinierte Straßen- und Eisenbahnbrücke der Kanalbrücken.

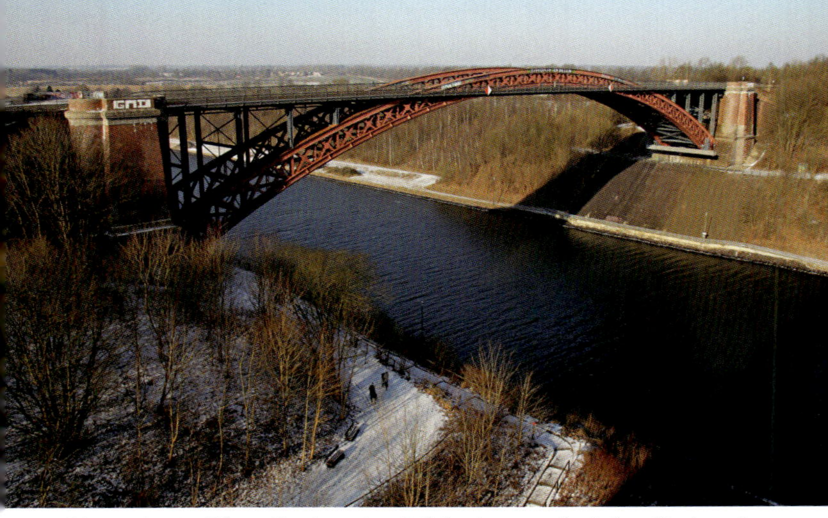

Die markante Silhouette des roten Brückenbogens dient dem Neubau der Levensauer Hochbrücke als Vorbild

Von der alten Konstruktion sind noch die zwei roten, genieteten Fachwerkbögen aus Eisen mit einer Spannweite von 163 m zu sehen, die von der Fahrbahntafel in 42 m Höhe geschnitten werden. Allerdings wird diese nötige Durchfahrtshöhe nur in der Mitte gemessen, weshalb die damit engste Stelle des NOK zum Nadelöhr wird. Eine neue, breitere Brücke ist bereits in Planung. Zumindest ein Teil der beiden gemauerten und hohlen Brückenköpfe aus Ziegel und Sandstein soll aber bestehen bleiben, denn diese haben Fledermäuse als Winterquartier bezogen. Mit mehr als 5.000 Exemplaren wurde der Große Abendsegler hier als die größte Gruppe beziffert. Damit ist es auch die größte derzeit bekannte Population in Mitteleuropa.

Parallel zu der alten, unter Denkmalschutz stehenden Brücke wurde 1983 eine neue, vierspurige Straßenbrücke in Dienst gestellt.

Unterhalb der **Holtenauer Hochbrücken** (km 8,8) nehmen Sie nun den Asphaltweg hinauf zur Straße. Einen Steinwurf nach links windet sich der Radweg entlang der Oskar-Kusch-Straße weiter aufwärts. Sie unterqueren die beiden Hochbrücken und wählen auf der anderen Seite den Radweg nach rechts weiter hinauf in ihre luftigen Höhen.

Vom **Scheitelpunkt ❹** (km 10,3) haben Sie einen überwältigenden Rundblick über ganz Kiel, die Förde und hinab auf die Schleusenanlagen. Am Nordufer sind die Reste des ursprünglichen Eiderkanals zu erkennen. Südlich der kleinen Schleuseninsel entstand beim Bau des Kaiser-Wilhelm-Kanals 1895, dem heutigen Nord-Ostsee-Kanal, die „alte" Schleuse. Um den immer größeren Anforderungen des Schiffsverkehrs gewachsen zu sein, wurde ab 1914 die „neue" Schleuse am Südufer eingesetzt. Der 100 km lange NOK entwickelte sich zu einer der drei größten und meistbefahrenen künstlichen Wasserstraßen der Welt.

Sie überqueren die Hochbrücke bis zum Fußgängertunnel (km 11). Linker Hand im Wald heften Sie sich an den Trimm-dich-Pfad. In unveränderter Richtung marschieren Sie in die **Wik**, einen Stadtteil von Kiel, hinein, bis eine Häuserzeile Ihren Weg behindert. Schräg nach rechts über die Straße Auberg findet sich in einer Lücke zwischen den Häusern ein Fußweg hinab zur Schleusenstraße. Links am Kanal ist der **Anleger der Personenfähre ❺** (km 13,2).

Mit Buggy wenden Sie sich auf der Straße Auberg nach links bergab. Diese macht einen weiten Bogen hinab zur Uferstraße, wo Sie nach rechts ebenfalls zur Personenfähre gelangen.

Personenfähre Holtenau, 1.4. bis 30.9. Mo bis Fr. 6:30 bis 21:50, Sa/So 9:35 bis 21:50 zwei- bis viermal pro Std., 1.10. bis 31.3. tgl. nur bis 20:20, kostenlos

Sie setzen hinüber auf die andere Kanalseite nach **Holtenau**. Dort am Startpunkt kann die Tour beendet werden. Sie würden indessen einen sehr interessanten und reizvollen, 3,2 km langen Schlenker verpassen.

In Holtenau spazieren Sie dafür entlang der Kanalstraße Richtung Förde. Die denkmalgeschützte Platanenallee war ein Geschenk des japanischen Kaisers zur Eröffnung des Kanals. Holtenau blieb im Zweiten Weltkrieg relativ verschont von Luftangriffen, da den Alliierten die Bedeutung des Kanals für ihre Truppenbewegungen bewusst war. 400 m weiter dehnen sich die Schleusenwiesen ❻ am Ufer an den Überbleibseln des alten Eiderkanals aus. Die Grünanlage erwuchs aus den Kleingärten der Kanalarbeiter. Die Obst- und Laubbäume wurden nicht abgeholzt. Das Obst darf frei gepflückt werden. Auf den Dalbenhölzern im Wasser brüten viele Wasservögel. Kaiserliche Kanalhäuser (Nr. 48 bis 50) sowie Wohn- und Geschäftshäuser von etwa 1920 behaupten sich hier im mittleren Abschnitt der Kanalstraße.

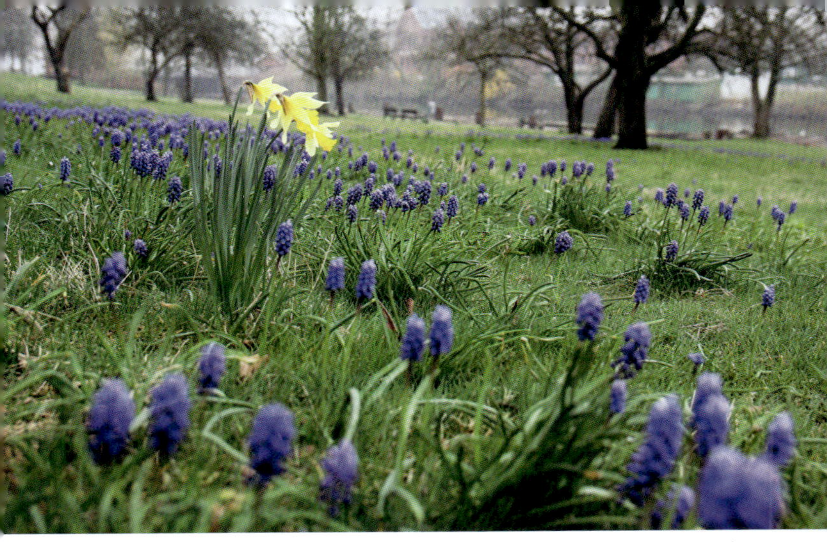

Die Schleusenwiesen in Holtenau sind auch im Frühjahr ein Hingucker

Am Yachthafen vorbei offeriert der Tiessenkai nostalgisches Hafenflair. Oft haben gleich mehrere Traditionssegler, die Fahrten anbieten (zur Kieler Woche auch Tagesfahrten), am Kai angelegt. Kleine, eingeschossige Kontorhäuser und das ehemalige Packhaus verraten, dass es in dem alten Holtenauer Hafen nicht immer so beschaulich zuging. Das dreigeschossige Backsteingebäude mit Ladetoren und Luken wurde 1784, als Hochbetrieb am Eiderkanal herrschte, dringend als Speicher benötigt. Er war bis 1978 in Benutzung. Daneben sind die ältesten Gebäude in der Kanalstraße (Nr. 57 bis 67) zu entdecken. Sie stammen aus dem späten 18. Jh. Der 7,5 m hohe Obelisk aus Sandstein auf dem Platz erinnert an den Bau des Eiderkanals. Im ehemaligen Kontor des Schiffsausrüsters Hermann Tiessen, nach dem der Kai benannt wurde, befindet sich heute das urige Schiffercafé.

✕ mehrere Einkehrmöglichkeiten, Tipp: Schiffercafé, Hafencafé und Tangobar, Tiessenkai 9-10, 24159 Kiel, ☏ 04 31/908 96 76, info@schiffercafe-kiel.de, www.schiffercafe-kiel.de, tgl. ab 10:00 bis 18:00, So 16:00 bis 18:00 Tangotanzen, Winter Fr bis So 11:00 bis 18:00, originell mit alten Schiffsutensilien ausgestattet, hausgemachte Kuchen und kleine Fischgerichte, verschieden sortierte Frühstücksplatten, kein Wickeltisch und Kinderstuhl

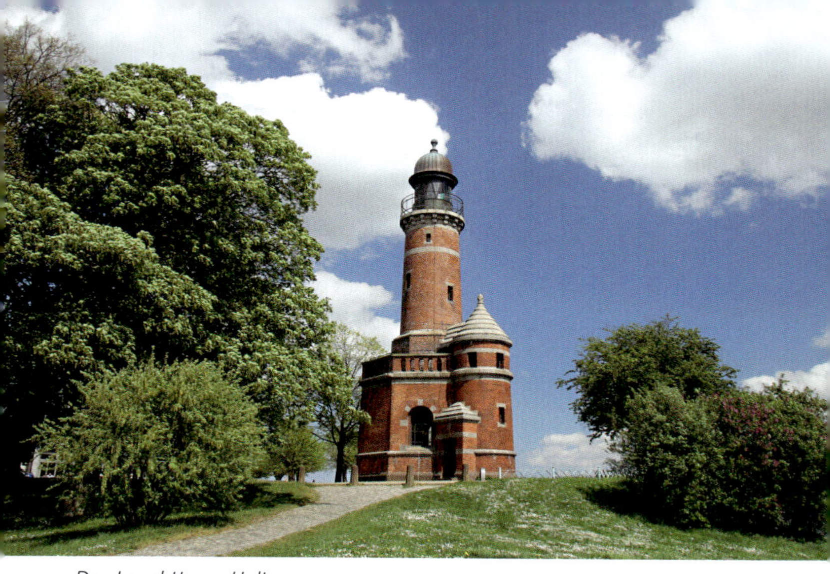

Der Leuchtturm Holtenau

Am Ausgang des NOK schließt eine kleine Grünanlage mit Restaurant die Hafenanlagen ab. Die Anhöhe wurde aus Aushubmaterial des Kanals aufgeschüttet. Von hier aus haben Sie einen Ausblick sowohl auf die aus- und einlaufenden Schiffe des Kanals als auch auf die Förde. Ein kleines Schmuckstück ist der Holtenauer Leuchtturm ❼ von 1895. Der 20 m hohe runde Backsteinturm mit achteckigem Unterbau und wunderschönen Mosaiken im Inneren ist das beliebteste Standesamt Kiels.

Auf demselben Weg geht es wieder zurück zum Start.

❷ Fördewanderweg

Tour für Familien, Genießer und Geschichtsinteressierte

Den besten Blick auf das maritime Treiben mit Traumschiffen, Fähren und Segelyachten erhalten Sie auf dem Fördewanderweg von Mönkeberg bis Laboe. Die beliebte Strecke führt auf überwiegend gepflasterten und geteerten Wegen am Ostufer der Kieler Förde entlang durch alte Fischerdörfer. Fisch und Fischbrötchen können Sie immer noch direkt vom Kutter kaufen. Aussichtsreiche Buchten wechseln sich ab mit schönen Badestränden und Segelhäfen. Unterwegs gibt es gerade für Kinder viel zu spielen und zu entdecken. In Laboe warten natürlich das U-Boot und das Ehrenmal. Am besten kombinieren Sie die Wanderung mit einer Schiffstour auf den Fördedampfern.

→ Start: Fähranleger in Mönkeberg, Ecke Strandweg/Stubenrauchstraße, GPS N 54°21.104' E 010°10.688';
Ziel: Ehrenmal Laboe, GPS N 54°24.722' E 010°13.742'

8,8 km

2 Std. 15 Min.

↑↓ 118 m/119 m

⇧ 0-27 m

grün-weiße Schilder mit Fördewanderweg, viele Infotafeln

Die einfache Wanderung auf den Uferwegen entlang der Förde ist für Jung und Alt kein Problem. Auf den wenigen kurzen, sandigen Stücken ist das Gehen sogar mit Rollator möglich. Deswegen ist die abwechslungs- und aussichtsreiche Tour zu jeder Jahreszeit auch so beliebt, insbesondere für Familienausflüge. An manchen Tagen ist eher mit Überfüllung zu rechnen und in den Lokalen am Wegesrand wird es schwierig ein Plätzchen zu ergattern.

viele Sitzbänke und Möglichkeiten zum Ausruhen

zahlreiche gute Einkehrmöglichkeiten

WC bei den öffentlichen Badestränden in Mönkeberg (km 0), Kitzeberg (km 0,9), Möltenort (km 3,7), Heikendorf (km 4,4) und Laboe (km 7,1, km 7,6, km 8,1 und am Ziel)

Mönkeberg (in 750 m oben an der Hauptstraße), in Altheikendorf 400 m vom Fördewanderweg, Möltenort (km 3,7, km 3,9), Laboe (ab km 7,4)

Badestelle bzw. -strand in jeder Bucht

interessant für Kinder: in den Häfen und auf der Förde gibt es viel zu sehen, ein Lehrpfad, Naturerlebnisraum, Meeresbiologische Station Laboe mit „Streichelzoo“, Spielplätze und reichlich Bade- bzw. Spielmöglichkeiten am Strand, spannende An-/Abfahrt mit dem Fördedampfer

problemlos für Buggys

Trinkmöglichkeiten nur in den meist hundefreundlichen Cafés/Restaurants, mehrere Hundebadestrände, Weg stark frequentiert von Radfahrern und Spaziergängern, Leine empfiehlt sich

Parkplätze an jedem Hafen und Fähranleger (Möltenort und Laboe gebührenpflichtig)

Vom Hauptbahnhof Kiel fährt die Linie 14 stdl. nach Mönkeberg (Haltestelle „Am Eksol“, beim Edeka-Markt aussteigen und an der Ampelkreuzung der Ausschilderung „Hafen“ bergab 750 m folgen) und Laboe (Haltestelle im Hafen „Hafen/Wendeschleife“). Vom ZOB in Kiel verkehrt die Linie 102 stdl. nach Laboe zur selben Haltestelle. Zusätzlich erreichen Sie die Haltestelle in Mönkeberg mit der Linie 15 mehrmals tgl. vom Kieler ZOB. Vom Ehrenmal in Laboe kommen Sie zur Haltestelle am Hafen mit der Linie 120 Laboe-Schönberg stdl. oder Sie laufen das Stück zurück.

Vom Bahnhofsanleger in Kiel aus werden Mönkeberg, Möltenort und Laboe mit der Fördelinie F1 von Ende März bis Ende Oktober mehrmals täglich angefahren. SFK Kiel, ☏ 04 31/59 41-12 60/-12 63, ahoi@sfk-kiel.de, www.sfk-kiel.de. Tipp: Wenn An-, Ab- und/oder Rückfahrt mit einer Fährfahrt auf dem Fördedampfer verbunden wird, erleben Sie eine fantastische Sightseeingtour auf der Förde.

Direkt an der **Seebrücke** mit der Haltestelle der Fördedampfer startet die Tour. Nur 40 m weiter auf dem Strandweg klappern am Ende des Badestrandes die Segelmasten im Sportboothafen von **Mönkeberg** im Wind. Auf der anderen Fördeseite bleibt das Auge an der Flotte des Marinestützpunktes Tirpitzhafen hängen, wo auch die Gorch Fock liegt. Und schweift zurück zum alles überragenden blauen Portalkran, den Werften, den Fähr- und Kreuzfahrthäfen. Mit viel Glück machen sich im Sommer gleich vier der dicken Pötte den Platz dort streitig.

Hinter dem Mönkeberger Hafen zieht sich der aussichtsreiche Uferweg an bewaldeten Hügeln entlang. Im Frühjahr verleihen Teppiche aus Buschwindröschen dem Waldboden einen weißen Schimmer. Der Weg mündet nach 600 m in die Wiesen vom **Kitzeberger Strand** mit der 1904 erbauten, nun stillgelegten Kitzeberger Dampferbrücke. Von hier aus blicken Sie über die Förde hinweg zur Mündung des Nord-Ostsee-Kanals an den Holtenauer Schleusen und zur gigantischen Holtenauer Hochbrücke. Bei schönem Wetter kommen viele zum Picknicken und Grillen hierher. Hunde sind am Strand erlaubt.

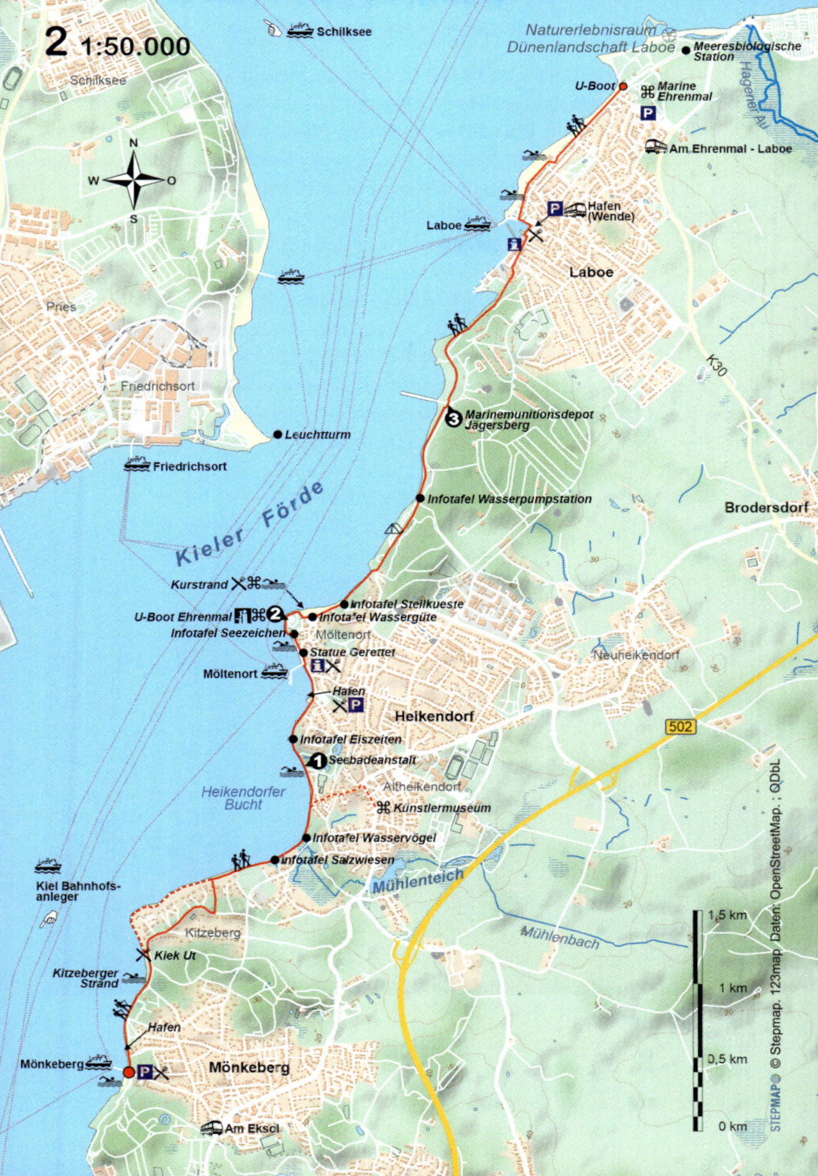

2 1:50.000
Schilksee
Schilksee
Naturerlebnisraum
Dünenlandschaft Laboe
Meeresbiologische Station
U-Boot
Marine Ehrenmal
Hagener Au
Am Ehrenmal - Laboe
Hafen (Wende)
Laboe
Laboe
K30
Pries
Friedrichsort
Leuchtturm
Friedrichsort
Marinemunitionsdepot Jägersberg
Infotafel Wasserpumpstation
Brodersdorf
Kieler Förde
Kurstrand
U-Boot Ehrenmal
Infotafel Steilkueste
Infotafel Wassergüte
Infotafel Seezeichen
Möltenort
Statue Geretter
Neuheikendorf
Möltenort
Hafen
Heikendorf
502
Infotafel Eiszeiten
Seebadeanstalt
Altheikendorf
Heikendorfer Bucht
Künstlermuseum
Infotafel Wasservögel
Infotafel Salzwiesen
Mühlenteich
Kiel Bahnhofs-anleger
Kitzeberg
Mühlenbach
Kiek Ut
Kitzeberger Strand
Hafen
Mönkeberg
Mönkeberg
Am Eksol
1,5 km
1 km
0,5 km
0 km
STEPMAP © Stepmap. 123map Daten: OpenStreetMap.; ODbL

✕ Kiek Ut, Schönkamp 1, 24226 Heikendorf, ☏ 04 31/56 01 33 80, 💻 www.kiekut.restaurant, tgl. außer Di 12:00 bis 23:00, Winter gemütlich am Kamin, Sommer mit fantastischer Aussicht auf Strandterrasse, sehr gutes Essen, je nach Wetter und Bedarf Di und am Wochenende Pickup (Getränke und eine kleine Auswahl der Speisekarte zum Mitnehmen für unterwegs)

Der ✎ ausgeschilderte Fördewanderweg schlängelt sich auf der Straße zwischen im Wald verstreuten Häusern eine kleine Anhöhe hinauf und knickt wieder zum Wasser hin ab. Landschaftlich schöner ist die Umrundung der Landspitze, zunächst pfadlos über den steinigen Strand (bei Badewetter geht es nicht so günstig zwischen den Strandbesuchern hindurch). Um die Ecke setzt sich der befestigte Fördewanderweg fort und offeriert grandiose Blicke über die **Heikendorfer Bucht** mit ausgedehnten Sandstränden. An gepflegten Villengrundstücken vorbei gelangen Sie bald zum Mündungsbereich der **Mühlenau** (km 2,4).

Die Heikendorfer Bucht ist bei Anglern sehr beliebt

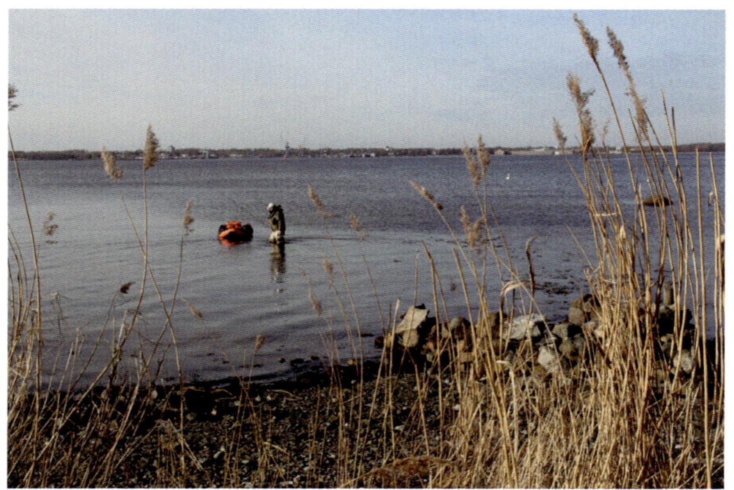

⇆ 1,1 km

An der nahen Ruine der Altheikendorfer Seebrücke (km 2,6) lohnt sich ein Schlenker nach rechts zum Ende der Hafenstraße und dort nach rechts zum

Künstlermuseum Heikendorf. Es befindet sich im sorgfältig restaurierten und umgebauten Haus des Künstlers Heinrich Blunck. Das Backsteingebäude zählt zu den ältesten Bauten in Heikendorf. Dort werden ständig Werke der einstigen Heikendorfer Künstlerkolonie präsentiert. Vom norddeutschen Impressionismus bis zum späten Expressionismus wird die Geschichte der Malerei an einem authentischen Ort gezeigt. In dem dazugehörenden sehenswerten Museumsgarten, u. a. mit historischen Rosen sowie Kletterrosen, werden Skulpturen zur Schau gestellt.

⌘ Künstlermuseum Heikendorf, Teichtor 9, 24226 Heikendorf, ☎ 04 31/24 80 93, postfach@kuenstlermuseumheikendorf.de, www.kuenstlermuseumheikendorf.eu, Di bis Sa 14:00 bis 17:00, So 11:00 bis 17:00, € 4, Schüler € 3, Familienkarte € 8

Kurz hinter der 1904 eröffneten **Seebadeanstalt Heikendorf** ❶ (Mitte Juni bis Anfang Sep, 13:00 bis 18:00, Juli bis Mitte Aug bereits ab 10:00, € 2, unter 18 J. frei, www.seebadeanstalt.de) wandern Sie um den nächsten Landvorsprung herum und erreichen **Möltenort** (km 3,4). Dominiert wird der alte Fischerort mit seinen hübschen Häuschen durch die Hafenanlagen. Im Herbst wird ein Besuch des Yachthafens zum aufregenden Ereignis, wenn die Sportboote mit einem riesigen Kran aus dem Wasser gehoben, auf Trailer verladen und ins Winterlager abtransportiert werden. Das ist Maßarbeit. Im Frühjahr läuft dann alles umgekehrt. Im sich anschließenden Fischereihafen können Sie Fisch frisch direkt vom Kutter kaufen oder ein altes dänisches Feuerschiff bewundern. Ein Hingucker ist auch das Restaurant- und Ausflugsschiff MS Forelle, das 1943 in Schweden als Vorpostenboot gebaut wurde. Und auf dem Fischbratkutter Elke bekommen Sie die besten Fischbrötchen. Übrigens, wussten Sie, dass der Dorsch der Staubsauger der Ostsee ist? Er frisst alles, was sich bewegt, zappelt und am Boden liegt.

Heikendorfer Touristeninformation, Strandweg 2, 24226 Heikendorf,
☏ 04 31/67 91 00, www.amt-schrevenborn.de,
Nov bis März Sa 13:00 bis 16:00, März bis Mai und Sept bis Okt Mo bis Fr 10:00 bis 12:30 und 15:00 bis 17:30, Sa/So 13:00 bis 17:00, Juni bis Aug unter der Woche jeweils eine halbe Stunde länger

mehrere Cafés und Restaurants, Tipp: Galerie-Café Roehrskroog, Möltenorter Weg 1, 24226 Heikendorf, ☏ 04 31/24 17 47, Mo bis Fr 14:00 bis 19:00, Sa/So 12:00 bis 19:00, gemütliches Café in einem alten Reetdachhaus mit Rosengarten und leckeren selbst gemachten Kuchen und Waffeln

Kiosk, Fischladen, mehrmals die Woche Fisch wie Butt und Dorsch direkt vom Kutter, im Frühjahr auch Hering, Infos zum Fang und Ankunftszeiten unter
www.fischvomkutter.de/heikendorf, Anfragen per Mail auch an den Fischer Björn Fischer, fischerlentins@t-online.de

⌘ Feuerschiff Læsø Rende, Führungen über das 1886 in Kopenhagen erbaute Holzschiff, Heiraten und Übernachten evtl. ab Sommer 2022 wieder möglich, Heikendorfer Yachtclub, www.hyc86.de

Hundebadestelle am Yachthafen

Spannende Entdeckungstour für Familien mit Strandkrabbe Lasse unter dem Motto „Das Geheimnis der Ostsee", wegen häufiger Sachbeschädigung sind die Caches nicht mehr vor Ort hinterlegt, sondern in einer Tasche, abzuholen bei der Heikendorfer Touristeninformation.

Die Flaschenpost

Am Donnerstag, dem 6. März 2014, ging drei Möltenorter Fischern zwei Meilen vom Kieler Leuchtturm entfernt am Eingang der Förde mal wieder eine Flasche ins Netz. Braunes Glas mit Kiel als Prägung auf dem Bauch und einer dänischen Postkarte innen drin. Die pfiffigen Seemänner prüften noch auf hoher See per Internet das Alter ihres Fundes. Das Datum auf der Postkarte, der 17. Mai 1913, verriet: Es war laut Guinnessbuch der Rekorde die älteste Flaschenpost der Welt. Ein Sensationsfund. Die sofort benachrichtigte Presse wartete schon beim Einlaufen in den Hafen auf die drei und dann ging der Rummel erst richtig los.

Der Gruß aus der Kaiserzeit wurde vom Berliner Schriftsteller Richard Platz auf einer Reise in Dänemark in die Ostsee geworfen. Er legte zwei Briefmarken bei und bat um Rücksendung. Seine Enkelin Angela Erdmann nahm nach 101 Jahren die Flaschenpost endlich in Empfang. Sie vermutet, dass ihr Großvater die Bierbuddel einer Kieler Biergroßhandlung als Nachricht für seine geliebte Frau Ella ins Meer warf. Die Flaschenpost kann nun im Internationalen

Maritimen Museum in Hamburg besichtigt werden. Mittlerweile wurde ihr allerdings durch noch ältere Flaschenpostfunde der Rang im Guinnessbuch abgelaufen.

Bleiben Sie auf dem Uferweg. Am Fähranleger vorbei erstreckt sich der Badestrand, gefolgt von einer parkartig gestalteten Schanzen-Landspitze mit dem 1930 errichteten ⌘ **U-Boot-Ehrenmal Möltenort ❷** zum Gedenken an die bei den U-Boot-Einsätzen ums Leben gekommenen Soldaten.

Von der weithin sichtbaren Gedenkstätte mit dem markanten, rund 20 m hohen Bronze-Adler ergibt sich ein fantastischer Panoramablick über die Kieler Förde. Schräg gegenüber markiert der Leuchtturm Friedrichsort die engste Stelle der Wasserstraße. Der Himmel ist voller Masten und Segel. Dicht an dicht drängen sich Jollen, Motorboote und schnittige Segelboote, aber auch mal eine Barke, Brigg, Schoner oder die Hansekogge. Wenn Segelwetter ist, stellt sich ganz Kiel auf dem Wasser ein, insbesondere zur Kieler Woche, dann gesellen sich noch an die 100 Traditionssegler dazu. Und vom Ufer aus können Sie die Regatten beobachten.

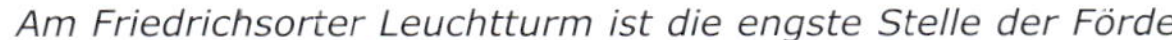

Am Friedrichsorter Leuchtturm ist die engste Stelle der Förde

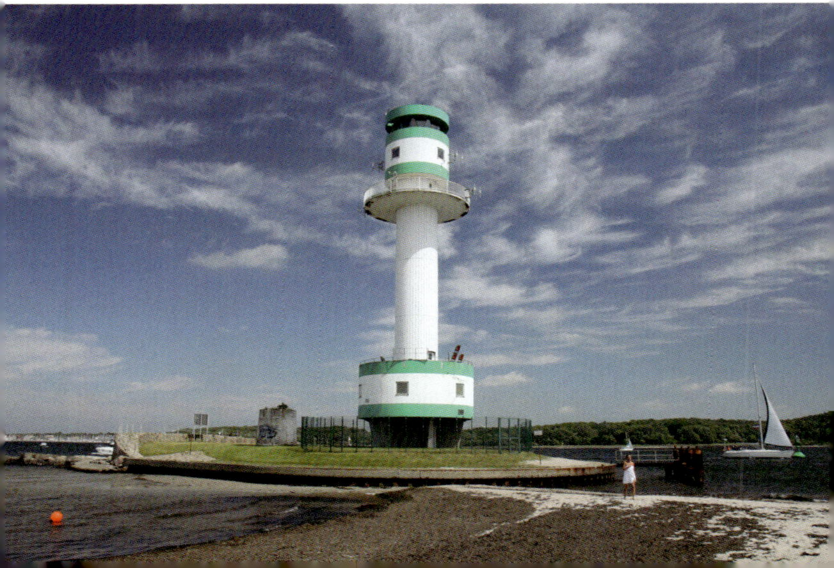

Weiter geht es über die Promenade des Heikendorfer Kurstrandes (1.5. bis 30.9. gebührenpflichtig).

- mehrere Einkehrmöglichkeiten, Tipp: Das kleine Strandhaus, Uferweg 1a, 24226 Heikendorf, 04 31/249 87, www.das-kleine-strandhaus.de, Mo bis Fr außer Di 17:00 bis 23:00, Sa/So 12:00 bis 23:00, bekannt für anspruchsvolle mediterrane Küche, speziell Ostseefischgerichte
- Kunst-Kiosk am Heikendorfer Strand, Sommer tgl. wechselnde Ausstellungen und Events, www.schrevenborner-eigenart.de

Sie passieren die Steilküste, umgehen den Möltenorter Campingplatz und laufen im Wald durch eine militärische Sperrzone. Das **Marinemunitionsdepot Jägersberg ❸** ist noch in Betrieb. Bei Munitionstransporten kann deshalb der Wanderweg (km 6) zeitweise auf diesem Stück gesperrt sein, auch wenn dies nur noch selten geschieht. Die elektronischen Infotafeln sind leider oft kaputt. Alternativ können Sie die Info-Hotline des Marine-Munitionsdepots anrufen, 043 43/494 30 72 00. Schließlich werden die Hafenanlagen von **Laboe** (km 7,0) erreicht.

- Touristeninformation Laboe, Börn 2, 24235 Laboe, 043 43/42 75 50, info@laboe.de, www.laboe.de, Anfang April bis 30.9. tgl. ab 10:00, ansonsten Mo bis Fr 10:00 bis 14:00
- zahlreiche Einkehrmöglichkeiten, Tipp: Fischbrötchen von der mobilen Räucherei, Lkw am Hafenbecken, Mo bis So 11:00 bis 17:00, Dez/Jan 3 Wochen Betriebsferien
- Hundestrand (gebührenfrei) hinter dem U-Boot

Hinter der Werft wenden Sie sich nach links zur Kaimauer, die Sie nach rechts um den neu gestalteten alten Segelhafen herum zum **Fähranleger** (km 7,6) und zum Beginn der **Strandpromenade** leitet (Strand 1.5. bis 30.9. gebührenpflichtig). Laboe ist in erster Linie ein Paradies für Familien mit Kindern. Im flachen, von Sandbänken durchzogenen Wasser lässt es sich unbesorgt planschen, Sandburgen bauen oder Muscheln sammeln.

Nun sind es noch 1,2 km bis zum **U-Boot** und **Ehrenmal** am Anfang des Dünengürtels, dem Wahrzeichen Laboes. Wer möchte, kann die Tour hier noch etwas im 10 ha großen Naturerlebnisraum „Dünenlandschaft Laboe“ ausdehnen. Die 430 m entfernte Meeresbiologische Station bietet einen spannenden Einblick in die Unterwasserwelt der Ostsee.

U 995 und Ehrenmal

Über 40 Jahre sind vergangen, seit U 995 am Strand vor dem Ehrenmal in Laboe aufgestellt wurde. Bis heute haben mehr als 12 Millionen Menschen das U-Boot besucht. Als historisch-technisches Museum soll es aus Sicht des Marinebundes „das Grauen und die Leiden des Zweiten Weltkrieges“ mahnend und abschreckend vor Augen führen.

Das am 30. Mai 1936 eingeweihte Ehrenmal wäre beinahe Opfer eines Sprengsatzes geworden. Die Mitglieder der Marinekameradschaft konnten die Briten nach dem Zweiten Weltkrieg aber davon überzeugen, dass es ein Mahnmal sei und kein kriegsverherrlichendes Symbol. Die Silhouette seines 85 m hoch über die Förde aufragenden, rot verklinkerten Turms stellt eine nach oben offene Flamme dar. Über 341 Treppenstufen oder einen Aufzug ist die Aussichtsplattform ganz oben zu erklimmen. Oben ergibt sich an klaren Tagen ein 360°-Blick über die gesamte Kieler Förde, bis Damp an der Eckernförder Bucht, über die Ostküste und weit in die Probstei hinein.

Das Wahrzeichen bröckelt jedoch. Wind und Wetter haben der Fassade zugesetzt. Insgesamt 5.000 Steine und 100 km Fugen müssen ausgetauscht werden. 1,2 Millionen Euro sollen aus Spenden finanziert werden. Eine Million fehlt noch. Aber keine Sorge das Denkmal steht sicher auf seinem Sockel. Bei Besuch kann z. B. für € 2 ein Spendenticket erworben werden. Die Aktion rettet das Ehrenmal läuft noch.

⌘ U 995 und Ehrenmal, ☏ 043 43/49 48 49 12, 💻 www.deutscher-marinebund.de, 🚪 1.11. bis 31.3. tgl. 10:00 bis 16:00, 1.4. bis 31.10. 9:00 bis 18:00, U-Boot € 6/Kind € 4,50, Ehrenmal € 7/Kind € 5, Kombikarte € 11/Kind € 7,50, alles hervorragend und ausführlich beschriftet, Ausstellung gut erschließbar in Eigenregie

⌘ Meeresbiologische Station, vom Eingang Ehrenmal 220 m geradeaus, dann am Naturschutzgebiet unten auf den Küstenwanderweg wechseln, Strand 1, 24235 Laboe, ☏ 043 43/42 93 21, 💻 www.meeresbiologie-laboe.de, 🚪 April bis Okt Di bis So 11:00 bis 18:00, Nov bis März Do bis So 11:00 bis 18:00, Führungen, Kindertage im Sommer (Mo), meeresbiologische Ausfahrten mit der MS Sagitta, € 15,80, Kind bis 11 J. € 13,80, Infos unter: 📱 01 60/96 76 02 97

❸ Schusteracht Nord: Schwentine

Tour für Natur- und Kulturfreunde

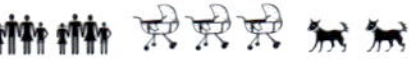

Die nördliche Schleife der Schusteracht erforscht den Natur- und Erlebnisraum der Schwentine zwischen Kiel und Preetz. Probleme bereitet nur die Querung der stark befahrenen B202 auf der Ostseite.

- Start/Ziel: Klosterkirche, Kloster Preetz, GPS N 54°14.427' E 010°16.990'
- 21,9 km
- 5 Std. 30 Min.
- 554 m/554 m
- 7-49 m
- Schusteracht: lila-weiß, Männchen läuft durch eine Acht; Fernwanderweg E1/E6: weißes Kreuz; viele Infotafeln, gelber Pfeil Naturparkweg NPW, gut markiert
- Obwohl die Route sich nur in kurzen Abschnitten an den Uferhängen im Schwentinental entlang schlängelt, sammelt sie über die Zeit doch einige Höhenmeter zusammen. Längere Waldstrecken wechseln sich mit Wiesen- und Feldwegen ab. Nur kurz schieben sich ein paar Asphaltstücke dazwischen. Alles in allem trotz der Länge eine angenehme Tour.
- ausreichend Sitzbänke und Rastplätze
- Oppendorfer Mühle (km 10,3), Schwentinepark (km 12,5)
- WC in Preetz nahe der Touristeninformation 600 m vom Kloster in der Innenstadt
- Kiosk im Schwentinepark (km 12,3), viele Läden in Preetz, Tipp: Hofladen Obstquelle (km 9,4)
- Freibad im Schwentinepark (km 12,5)
- Schwentinepark: Wildtiergehege, Streichelzoo, Spielplatz, Minigolf, Tretboot; Spielmöglichkeiten entlang der Schwentine; gefährliche Querung der B202
- einfach für Buggys
- an der Schwentine viel Trinkwasser, streckenweise viele Radfahrer, Teilstrecke im Naturschutzgebiet
- P Öffentliche Parkplätze in Preetz sind gebührenpflichtig und die maximale Parkdauer beträgt. 2 Std. Großer Parkplatz bei Edeka am Ortseingang von Preetz, Kieler Straße, 600 m zum Start, GPS N 54°14.601' E 010°16.631'
- Preetz wird stündlich von der Regionalbahn Kiel-Lübeck angefahren.
- Tipp für eine Wochenendtour: ☞ Tour 4

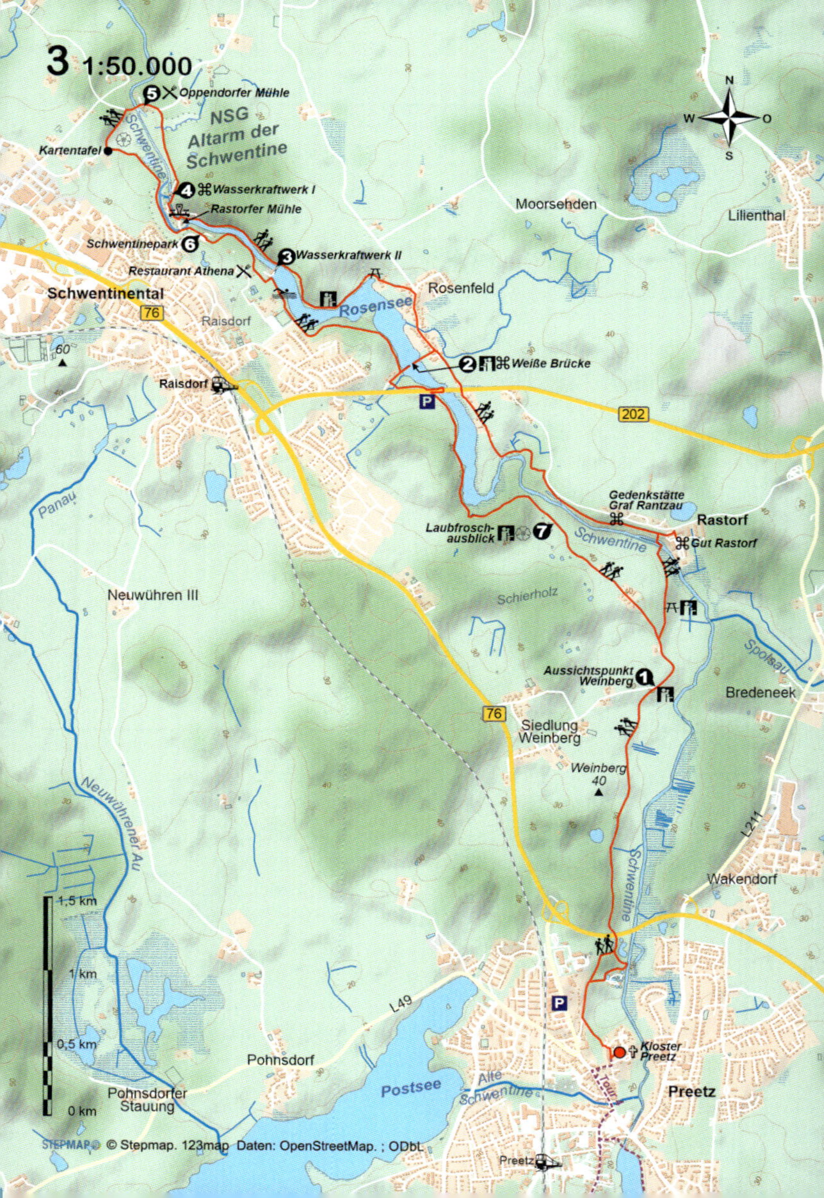

3 1:50.000
5 Oppendorfer Mühle
NSG Altarm der Schwentine
Kartentafel
Schwentine
4 Wasserkraftwerk I
Rastorfer Mühle
Schwentinepark 6
3 Wasserkraftwerk II
Restaurant Athena
Schwentinental
76
Raisdorf
Rosensee
Rosenfeld
Moorsehden
Lilienthal
2 Weiße Brücke
Raisdorf
202
Gedenkstätte Graf Rantzau
Rastorf
Gut Rastorf
Laubfrosch-ausblick 7
Schwentine
Schierholz
Panau
Neuwühren III
Spolsau
Aussichtspunkt Weinberg 1
Bredeneek
76
Siedlung Weinberg
Weinberg 40
Neuwührener Au
Schwentine
L211
Wakendorf
1,5 km
1 km
0,5 km
0 km
L49
Pohnsdorf
Pohnsdorfer Stauung
Postsee
Alte Schwentine
Kloster Preetz
Preetz
Preetz
60
STEPMAP © Stepmap. 123map Daten: OpenStreetMap. ; ODbL

Schusteracht

Die Schusteracht ist ein Rad-, Wander- und Reitwegesystem, das die Form einer Acht ergibt, mit der Schusterstadt Preetz (☞ Tour 4) als Mittelpunkt. Die Nord- und Südschleife durch die abwechslungsreiche Landschaft mit Wäldern, Seen und Flüssen, beschaulichen Dörfern, Kulturdenkmälern, Gutshöfen und Parks verbinden Sehenswertes der Region miteinander. Ausführliche Infotafeln am Wegesrand machen darauf aufmerksam. Insgesamt können auf der „Acht“ 64 km erradelt bzw. erwandert werden.

Auf einer Kopfsteinpflasterstraße treten Sie durch das Torhaus in den weiträumigen Klosterhof. Mittelpunkt der Anlage ist die ✝ **Klosterkirche**, die mit dem Konventbau auf der Nordseite als einziges Gebäude aus der Gründungszeit Anfang des 13. Jh. erhalten geblieben ist. Das Probsten- und Priörinnenhaus sowie die stattlichen Konventualinnenhäuser, die die adeligen Familien im Laufe der Jahrhunderte für ihre im Kloster lebenden Töchter als Wohnsitz errichten ließen, verstreuen sich im Halbkreis um die Kirche. Im Westen bekamen das sogenannte Langhaus, in dem die zahlreichen Klostermitarbeiter eine Heimstatt fanden, und das Pastorat ihren Platz. Südlich davon erstreckt sich der neuere Wirtschaftshof mit dem Wildhandel. Die Anlage zählt zu den herausragendsten Kulturdenkmälern Schleswig-Holsteins und beherbergt große künstlerische und kulturelle Schätze.

Adeliges Kloster Preetz

Das Benediktinerinnenkloster wurde Anfang des 13. Jh. gegründet. Die Nonnen unterstanden zwar der Verwaltung eines Propstes, der meist aus den Reihen der angesehenen Adeligen von einem der umliegenden prächtigen Güter gestellt wurde, dennoch konnten die Benediktinerinnen ihr Kosterleben fast eigenverantwortlich führen. Im Zuge der Reformation wurde das Kloster 1542 endgültig in ein evangelisches Damenstift umgewandelt, das den adeligen Damen der Schleswig-Holsteinischen Ritterschaft auch heute noch eine Zuflucht bietet.

⌘ Adeliges Kloster Preetz, Klosterhof 5, 24211 Preetz, ☏ 043 42/868 29, 💻 www.klosterpreetz.de, 🚪 Führungen 15.5. bis 16.10. Termine noch nicht bekannt, € 5, Kind unter 14 J. frei

Souvenirs, Klosterführer, Klostersekt und -honig käuflich während Führungen oder im Wildladen

♦ Wildladen, 🚪 Sa 9:00 bis 13:00, Spezialitäten vom Wild aus dem Klosterforst

Zwischen Langhaus und dem Probstenhaus (Nr. 8) – einem auffällig weißen Putzbau mit Stilmerkmalen toskanischer Frührenaissance – hindurch beginnen Sie Ihre Tour auf der Nordschleife. Sobald sich der Sandweg am Anfang des Gehölzes verzweigt, folgen Sie dem weißen x und der Schusteracht. Sie bleiben auf dem breiten Hauptweg. Im Wohnviertel entlang der Rastorfer Straße wenden Sie sich dann nach rechts auf einen von Bäumen begrenzten alten Landweg, der parallel zum **Tal der Schwentine** verläuft.

✎ An der Verzweigung der Schusteracht setzt sich die Nordschleife geradeaus mit dem x fort. Sie können auf der Südschleife aber auch einen kleinen Schlenker zur Schwentinebrücke machen und die Flussidylle mit bester Aussicht von der Brücke betrachten. Ein Pfad auf der Westseite bringt Sie im **Klosterforst** wieder zurück auf ihre Nordroute und den Fernwanderweg.

Nach 1,6 km verschlucken Redder den Wanderer im Schwentinental. Der untere Teil der Schwentine wird durch Feucht- und Nasswiesen geprägt. Naturschutzprojekte sollen den Lebensraum für zahlreiche gefährdete Tier- und Pflanzenarten sichern. Unterhalb des **Aussichtsplatzes Weinberg ❶** (km 2,8) gehen gerne Rehe und Wildschweine auf Nahrungssuche. Bis zu 80 Tiere sind schon gezählt worden. Nachts richten sie im Wald viele Schäden an. Im Winter wühlen die Wildschweine gar im Schnee auf den Wegen nach Eicheln. Wenig später löst sich die ✎ Schusteracht vom Fernwanderweg und senkt sich in den Talgrund ab (km 3,8).

⌘ Auf der anderen Flussseite lohnt ein hin und zurück 200 m langer Schlenker zum Gut Rastorf. Der Besitz der Grafen zu Rantzau gilt als die schönste und einheitlichste Hofanlage des späten Barocks im Lande. Neben dem Herrenhaus beeindrucken ebenso das Torhaus und die großen roten Backsteinbauten der Scheunen und Ställe mit geschweiften Giebeln und weißen Verzierungen. Der Innenhof darf besichtigt werden.

✿ Die Schwentine fließt durch ein eiszeitliches Durchbruchstal. An den steilen Uferhängen wachsen seltene Hangwälder mit Eschen, Bergulmen und Hainbuchen. Vor allem im Frühjahr begeistert die artenreiche Krautvegetation mit Buschwindröschen, Hohlem Lerchensporn und Scharbockskraut den Wanderer. Dicke Moospolster zieren umgestürzte Bäume. Kein Wunder, dass Gräfin Anna zu Rantzau in dieser grünen Idylle die ⌘ Gedenkstätte (km 4,6) für ihren geliebten Mann errichten ließ.

Kurz vor Rosenfeld muss die stark befahrene B202 (km 6,2) überquert werden.

Hier wechselt die Schusteracht die Uferseite. Den schönsten Blick auf die ⌘ Weiße Brücke, eine einzigartige Beton-Bogenbrücke, erhalten Sie ein paar Meter nach links von der Straßenbrücke. Aber statt der Schusteracht auf ihrem Umweg zu folgen, können Sie zurück an der Straßenkreuzung geradeaus nach **Rosenfeld** hinein abkürzen.

☺ Im Ort (km 6,6) ist erneut ein kleiner Schlenker (360 m hin und zurück) zur **Weißen Brücke** ❷ möglich, mit bezaubernden Ausblicken über die Schwentine und den Rosensee.

Hinter Rosenfeld schwenkt die Schusteracht wieder zum Ufer zurück. Am Ende des Rosensees wird das Wasser vom ⌘ **Wasserkraftwerk II** ❸ (km 8,5) aufgestaut. Es ist die einzige Talsperre Schleswig-Holsteins. Etwas weiter flussabwärts an der Rastorfer Mühle (km 9,3) wechseln Sie vorerst das Ufer.

Das Wasserkraftwerk II im Anschluss an den Rosensee

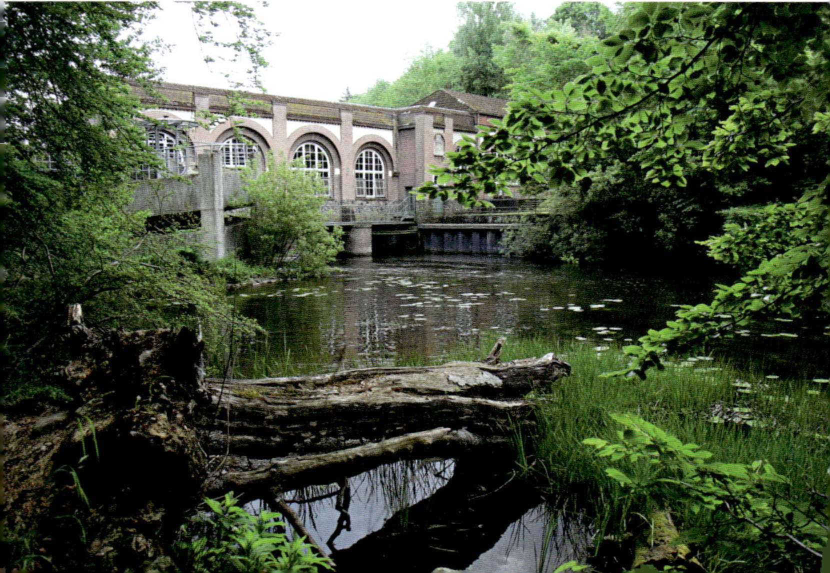

 Hofladen Obstquelle, Rastorfer Mühle 3, 24223 Schwentinental, 043 07/294, www.obstquelle.de, Obst und Gemüse, Säfte, Marmeladen, Chutneys, Honig, Wein, Wurst, Käse, Eier, Cider, Eis, Mi bis Fr 11.00 bis 18:00, Sa/So 10:00 bis 17:00

Sie biegen jedoch gleich hinter der ersten Brücke nach rechts auf die Alternativstrecke ab. Sie verläuft links vom einbetonierten, kanalartigen Flussbett bis vor das denkmalgeschützte ⌘ **Wasserkraftwerk I ❹** (km 9,5). Dort setzt sich der Weg auf dem Ostufer durch das Naturschutzgebiet „Altarm der Schwentine" bis zur **Oppendorfer Mühle ❺** (km 10,3) fort.

Oppendorfer Mühle, Möhlenweg 9, 24232 Schönkirchen, 043 48/16 28, www.oppendorfer-mühle.de, außer Mi 12:00 bis 19:00,
Hunde sind im Restaurant nicht so gerne gesehen, kein Wickeltisch, Biergarten am Fluss.

An der Oppendorfer Mühle kehren Sie über das Westufer nach Preetz zurück. Unweit der **Schwentinebrücke** biegen Sie nach links von der Straße auf den Reitweg hinauf ab. An der nächsten Gabelung gehen Sie nach links weiter. An der nächsten Verzweigung ist linker Hand der Rundweg Aubrook/Ritzeberger Weg ausgeschildert, der Sie talwärts zur Schwentine und auf die Schusteracht an der **Rastorfer Mühle** (km 11,7) bringt. Vom Westufer ist nun die kühne Konstruktion der Fischtreppe zu sehen. Ein kleiner Anstieg bugsiert Sie zum **Schwentinepark ❻** (km 11,9) hinauf. Sie können oben am Hang durch den Tier- und Vergnügungspark wandern oder die landschaftlich schönere Strecke unten am Wasser wählen.

 Wildpark Schwentine/Raisdorf, tgl. Sonnenaufgang bis -untergang, Streichelzoo tgl. 8:00 bis 15:30, kostenlos

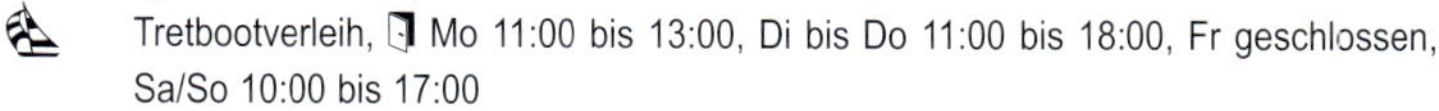
Tretbootverleih, Mo 11:00 bis 13:00, Di bis Do 11:00 bis 18:00, Fr geschlossen, Sa/So 10:00 bis 17:00

Restaurant Athena, Jahnstr. 19, 24223 Schwentinental, 043 07/822 94 81, www.athena-schwentinental.de, Mo bis Fr außer Di ab 17:00, Sa/So ab 12:00, Freibadsaison auch Di

♦ Kiosk, wie Bootsverleih

Freibad Schwentinental, www.stadtwerke-schwentinental.de, Mai bis Anfang Sept, Kiosk

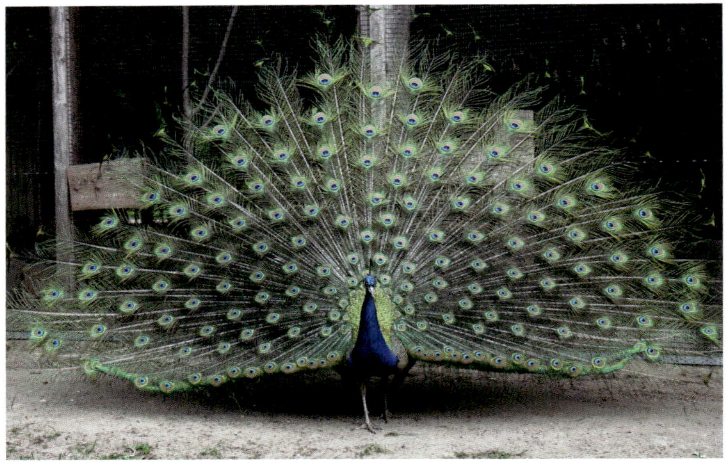

Ein Pfau im Tierpark Schwentinental

Ab dem Schwentinepark nutzen Sie die ✎ weißen Kreuze des Fernwanderweges oder die gelben Pfeile zur Orientierung. Die verschiedenen Schusterachtrouten verwirren nur. Sie kommen wieder an der **Weißen Brücke ❷** (km 13,8) vorbei, können die **B202** diesmal durch eine Unterführung (km 14,1) direkt am Wasser kreuzen und tauchen in das anfangs fast dschungelartige Dickicht in diesem Bereich des Flusses ein. Schließlich rückt die Schwentine von Ihrem Weg ab. Sanft gewellte Knicklandschaft mit kilometerlangen Reddern bestimmt statt des Waldes das Bild.

Eine letzte Attraktion erwartet Sie noch am **Laubfroschausblick ❼** (km 16,1). Trotz ihrer geringen Größe von bis zu 5 cm besitzen die grasgrünen Tiere die lauteste Stimme ihrer Gattung. Gerade im Spätsommer, wenn die Männchen balzen, kann die Lautstärke einer Gruppe rufender Frösche gehörschädigende Ausmaße erreichen. Noch aus über 2 km Entfernung sind die Töne in windstillen Nächten zu vernehmen.

Am **Abzweig zum Gut Rastorf** (km 18,6) mündet der Fernwanderweg in die bekannte Strecke zum ✝ **Kloster** am Anfang der Tour.

4 Schusteracht Süd: Lanker See

Tour für Natur- und Kulturfreunde

Die südliche Schleife der Schusteracht rund um den Lanker See schlängelt sich überwiegend durch eine herrliche Wald-, Moränen- und Wasserlandschaft. Doch sie schnuppert auch etwas Stadtluft, wobei in Preetz und Schellhorn verkehrsarme Seitenwege bevorzugt werden. Die Tour ist etwas anspruchsvoller. Sie ist zwar durchgehend markiert, aber die Zeichen sind nicht immer sofort zu entdecken. Es sind längere asphaltierte Strecken sowie pfadlose Abschnitte über sumpfige Wiesen mit dabei.

Start/Ziel: Klosterkirche, Kloster Preetz, GPS N 54°14.428' E 010°16.995'

19,4 km

5 Std.

388 m/388 m

19-60 m

Schusteracht: lila-weiß, Männchen läuft durch eine Acht; Fernwanderweg E1/E6: weißes Kreuz; viele Infotafeln

Südlich von Preetz wird es rund um den Lanker See hügelig. Speziell der Südosten auf dem Weg über die Gläserkoppel hat es mit ein paar steileren An- und Abstiegen in sich. Die Waldabschnitte reichen nicht aus, um vor der brennenden Sonne an heißen Tagen flüchten zu können. Im Stadtgebiet lassen sich längere Asphaltstrecken bzw. gepflasterte Bürgersteige nicht vermeiden. Die Gläserkoppel erklimmen sie 140 m über die grüne Wiese.

ausreichend Sitzbänke und Rastplätze

Einkehrmöglichkeiten am Freibad Lanker See (km 3), in Wahlstorf (km 10,2), viele im Stadtgebiet Preetz, Tipp: das alteingesessene Preetzer Café Stuben, stilvolles Ambiente mit Kaffeegarten an der Schwentine

WC in Preetz nahe der Touristeninformation (km 0,6), Freibad Lanker See (km 3)

Kiosk Freibad Lanker See (km 3), Honig bei Imker Koch (km 3,8) und Hahn (km 4,2), viele Läden in Preetz

Freibad Lanker See (km 3)

Stadtverkehr in Preetz und Schellhorn, Querung der B76 (Ampel), kurzer Abschnitt an der Landstraße (kein Gehweg), Bahnquerung nach Kührener Teich, Vogelbeobachtung, Kanutouren, Freibad mit Grillplatz, Spielplatz beim Freibad, Alte Schule Wahlstorf und Café Bootshaus, Bootsverleih Wahlstorf und in Preetz nicht zu empfehlen für Buggys: Eisenbahnbrücke mit langer Treppe (nur 1,6 km langer Umweg durch Unterführung mit steiler zweispuriger Rampe, ausgeschildert Radweg Schusteracht), Pfad streckenweise zu schmal, Gläserkoppel: längere Strecke pfadlos über Pferdekoppeln mit steilem Anstieg und mehrere Zaunpforten nicht durchgängig für Buggys, steiler Abstieg über groben, verwurzelten Pfad (nur langer Umweg über Fahrstraße ohne Gehweg möglich)

Trinkgelegenheiten auf der Westseite des Lanker Sees etwas knapp – ein kleiner Wasservorrat im Sommer empfiehlt sich, Auslauf auf den Feldwegen am südlichen Teil des Lanker Sees, Eisenbahnbrücke mit offenem Stufenaufgang, Hunde im Freibad nur in der Außensitzfläche des Kiosks/Cafès erlaubt, Teilstrecke im Naturschutzgebiet

P ☞ Tour 3

☞ Tour 3

Tipp für die Wochenendtour: Kanucenter Preetz-Plön, Naturcampingplatz Kirchsee an der Schwentine nahe dem Stadtzentrum (km 17,8), wander- und hundefreundlich

Von der ✞ **Klosterkirche** in Preetz (☞ Tour 3) lotsen Sie die ✎ Markierungen der Schusteracht (☞ Tour 3) und des Fernwanderwanderweges in die schmucke Innenstadt. Einige schöne alte Fachwerkhäuser säumen die Straße. Sie müssen die B76 (0,3 km) queren (✋ starker Verkehr, Ampel vorhanden). In der **Mühlenstraße** kommt erst das ⌘ Heimatmuseum und dann die i Touristeninformation. Dort verzweigt sich die Schusteracht. Sie gehen geradeaus in Richtung Bahnhof. Kurz danach am **Marktplatz** verlassen Sie die Schusteracht erst einmal und marschieren auf dem ✎ Fernwanderweg geradeaus über den Marktplatz und die Straße weiter hinauf zur ✞ Stadtkirche.

Mit dem weißen Kreuz biegen Sie danach in die erste Straße nach links, die Seestraße, hinab ab. An das ruhige Wohnviertel am Kirchsee schließt sich der ⌘ Wehrberg (km 1,9) an.

Der historische Bürgerpark aus dem 20. Jh. prunkt mit schönen Linden- und Buchenalleen, Gedenkstätte, Arboretum und aussichtsreichen Wiesen hinab zur Schwentine. Unten am idyllischen Flussufer mit Aussichtsplattform treffen Sie wieder auf die ✎ Schusteracht. Während sich der Fernwanderweg nach links über die Schwentinebrücke absetzt, wenden Sie sich nach rechts am bewaldeten Ufer entlang zum **Freibad Lanker See** ❶ (km 3).

Freibad Lanker See, Castöhlenweg 25, 24211 Preetz, ☏ 043 42/304 81 35, ganzjährig zugänglich (WC und Grillplatz wie Kiosk), Grillplatz gegen Gebühr beim Kiosk buchbar

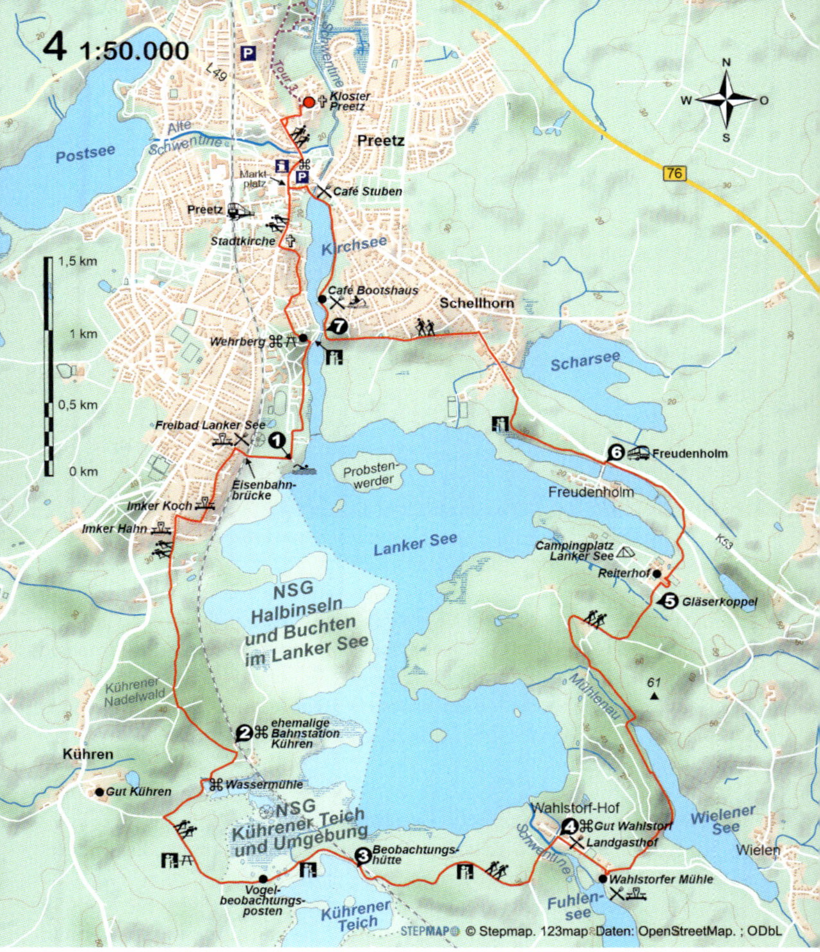

Kiosk, April bis Sep tgl. 10:00 bis 18:00

Café Strandbad, April bis Sep 10:00 bis 18:00

NABU-Station Preetz-Probstei, Castöhlenweg, 24211 Preetz,
www.nabu-preetz-probstei.de, 1.5. bis 30.9. Sa und So 15:00 bis 17:00, kleine Ausstellung über Flora und Fauna, mehrmals im Jahr geführte Touren

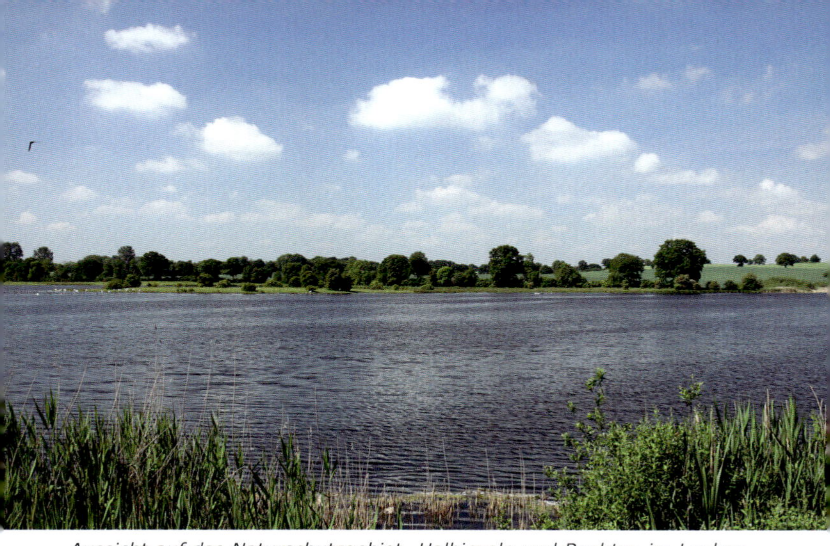

Aussicht auf das Naturschutzgebiet „Halbinseln und Buchten im Lanker See"

Vom Strand lässt sich das angrenzende Naturschutzgebiet „Halbinseln und Buchten im Lanker See" fabelhaft betrachten. Im Frühjahr und Herbst werden junge Highlander-Bullen per Floß übergesetzt. Die aufwendige Verschiffung mithilfe eines Feuerwehrbootes von der Badestelle hinüber zu den Inseln zieht immer Schaulustige an. Die Rinder sollen während ihres Inselsommers die völlige Verbuschung verhindern.

Über die 300 m entfernte, hohe **Eisenbahnbrücke** (offene Tritte) kann ein großes Stück durch die Vorortsiedlungen von Preetz abgekürzt werden. Ein wunderbarer Weitblick über den Lanker See belohnt die Mühe.

An das Preetzer Stadtgebiet schließen sich Wiesen- und Waldwege (km 4,2) an. Es werden nur Richtungswechsel gekennzeichnet. Ist keine Markierung oder kein Wegweiser (Richtung Wassermühle/Bahnstation) zu erspähen, orientieren Sie sich geradeaus. Im dichten **Kührener Nadelwald** fühlen sich besonders Wildschweine wohl. Er gehört zum Besitz der Grafen von Bülow, die nicht weit entfernt auf dem Gut Kühren Weihnachtsbäume produzieren. Am südlichen Rand des Waldes bei der ehemaligen ⌘ **Bahnstation Kühren ❷** (km 5,9) und der ⌘ **Wassermühle** (km 6,2) ist etwas über die Historie der Gegend zu erfahren. Über aussichtsreiche Feldwege auf einem Höhenrücken (km 7 Aussichtspunkt mit Rastplatz) gelangen Sie hinüber in das Naturschutzgebiet „**Kührener Teich und Umgebung**" **❸**.

Kührener Teich

Hauptattraktion ist der schon im Mittelalter angelegte, etwa 40 m große Fischteich. Seitdem die Bewirtschaftung eingestellt wurde, konnten sich die Bestände des Rothalstauchers und der Rotbauchunken erholen. Im benachbarten artenreichen, feuchten Niederungsgebiet zu Fuße des Höhenrückens staken gerne Reiher durchs Wasser. Gleich zwei Beobachtungsposten (km 7,6 und km 8,3) garantieren einen guten Ausblick.

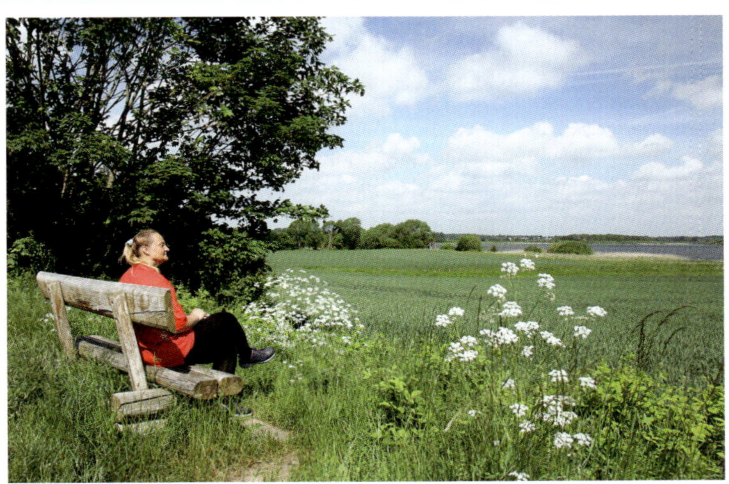

Am Südende des Lanker Sees

Erneut schwingt sich die Schusterachtroute aussichtsreich über Moränen um die südlichste Ausbuchtung des Lanker Sees herum.

⌘ Das alte adelige **Gut Wahlstorf ❹** (km 10) ist einer der wenigen erhaltenen Rittersitze aus dem 15. Jh. Der zweiflügelige Bau war ehemals Bestandteil einer Wasserburg. Das Herrenhaus mit den umliegenden schönen Fachwerkscheunen ist heute Eigentum einer Stiftung. Die Familie von Plessen hat noch Wohnrecht.

Vorm Herrenhaus spaltet sich die Schusteracht auf. Sie nehmen die Landstraße nach rechts Richtung Preetz.

✕ Landgasthof Zur alten Schule, im alten Schulgebäude, Lindenstr.6, 24211 Wahlstorf, ☏ 043 42/787 55 07, 📱 01 52/54 29 89 01, 💻 www.alteschule-wahlstorf-hof.de, 🚪 bei gutem Wetter Mi bis Sa 15:00 bis 22:00 (warme Küche ab 17:00), bei schlechtem Wetter erst ab 17:00, So u. feiertags bei jedem Wetter 12:00 bis 22:00, hauseigene regionale Gerichte und Kuchen, im Sommer auch Grillen, Kinderstuhl und Wickeltisch vorhanden

♦ Wahlstorfer Mühle, Fischerei und Bistro am Ortsausgang, Lindenallee 1, 24211 Wahlstorf, ☏ 043 42/812 73, 💻 www.wahlstorfermuehle.de, 🚪 im Sommer tgl. ab 11:00 (eher wetterabhängig), kein Wickeltisch und Kinderstuhl, einfach, Bistro in traumhafter Lage unten am Fuhlensee, hauptsächlich Fischbrötchen, Eis, Getränke und Kuchen

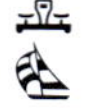 Wahlstorfer Mühle, Räucherfischverkauf oben im Haus an der Landstraße

⛵ Boots- und Supverleih, 📱 01 73/795 83 19, Einsetzen eigener Boote auf Fuhlensee € 2

150 m hinter der Wahlstorfer Mühle zweigt linker Hand ein Feldweg ab. Das weiße Kreuz des Fernwanderweges übernimmt nun wieder die Führung. Sobald Sie den einsam am Waldrand gelegenen Hof Gräberei hinter sich gelassen haben, erleben Sie eine wunderschöne, aber auch etwas abenteuerliche Reise durch den verwunschenen Wald am **Wielener See** (km 11). Wegen des dichten Unterholzes und kreuz und quer liegenden Astwerks muss ein klein wenig auf die Füße geachtet werden. Kurz können Sie auf dem Plattenweg hinüber zum **Mühlenberg** aufatmen, da stürzen sich die weißen Kreuze nach links auf einem verwurzelten Pfad steil hinab zur **Gläserkoppel ❺** (km 13,5).

✋ Am Waldrand knickt der Waldweg nach rechts ab. Sie müssen geradeaus durch die Zaunpforte pfadlos die Pferdekoppel steil aufwärts erklimmen. Oben kreuzen Sie die Zufahrtsstraße zum Campingplatz Lanker See. Auf der anderen Straßenseite hängt an der Zaunpforte ein Plan, wie der Reiterhof exakt zu umgehen ist.

Das Privatgelände ist nicht frei zugänglich, nur ein Korridor wurde für Wanderer geschaffen. Zurück an der Straße (km 14,2) fehlen die ✎ Markierungen der Schusteracht. Der Fernwanderweg ist aber gut ausgezeichnet. Die landschaftlich schöne Strecke entlang der Landstraße zwischen Plön und Preetz besitzt einen Waldstreifen als Lärmschutz. So stört der Verkehr kaum.

In **Freudenholm** ❻ (km 15) ist der Einstieg nicht sofort ersichtlich. Er befindet sich ein paar Meter unterhalb der Hauptstraße. Nehmen Sie nicht den Radweg oben am Straßenrand. Achten Sie auf das x rechts im Gebüsch. In **Schellhorn** (km 16,4) geht es wieder zurück an die **Schwentine** ❼ (km 17,4) (ausgeschildert ist die Wehrberganlage). Sie bleiben auf dem östlichen Ufer. Der Fluss weitet sich wenig später zum Kirchsee.

Café Bootshaus, Kahlbrook 25, 24211 Preetz, 01 60/182 49 08, April bis Okt Fr bis So ab 11:00

Kanutouren auf der Schwentine, Kanucenter Preetz-Plön, Kalbrook 25 a, 24211 Preetz, 043 42/30 95 49, paddeln@t-online.de, www.kanucenter-ploen.de, April bis Okt tgl. 10:00 bis 18:00, Boot-, Sup- und auch Radverleih

Naturcamping Kirchsee, Kanucenter Preetz-Plön, 1.4. bis 31.10., Wohn- und Bauwagen und Tipi als Unterkunft zu mieten

Der reizvolle Uferweg mündet in **Preetz** in die Fußgängerzone (km 18,6). Rechter Hand ist das Café Preetzer Stuben zu empfehlen.

Café Preetzer Stuben, Lange Brückstr. 22, 24211 Preetz, 043 42/98 21, info@preetzer-cafestuben.de, www.preetzer-cafestuben.de, Di bis Sa 9:00 bis 18:00, So 10:00 bis 18:00

Nach links geht es zum **Marktplatz**. Von dort ist die Strecke bis zum **Kloster** bekannt.

Schusterstadt Preetz

Während im Mittelalter das Kloster Preetz die Entwicklung des Ortes prägte, konnte sich im 19. Jh. das Handwerk entfalten. In Preetz konzentrierte sich die Schusterschaft. Das Holz und Leder für die Schuhe lieferte die Vieh- und Forstwirtschaft des Klosters. Die Schusterstadt Preetz war geboren. Anfang des 19. Jh. wuchs die Zahl der Schuhmacher auf 300. Im Volksmund hieß es: „In Preetz, da steht een Kloster, all Nees lang wohnt een Schoster." Reich wurden dennoch die wenigsten. Abnehmer der Holzschuhe waren meist arme Leute, die im Sommer barfuß liefen und Schuhe nur zu besonderen Anlässen trugen.

Alljährlich wird im Mai das Schusterfest veranstaltet. Das Straßenfest bietet tagsüber viel Spaß und Spiel für Kinder, abends unterhalten zahlreiche Bands. Im Holzschuhmuseum ist eine alte Schusterwerkstatt zu sehen. Dazu wird die Herstellung und Geschichte des Holzschuhs gezeigt. In der ältesten noch existierenden Holzschuhmacherei Lorenz Hamann können noch die originalen Preetzer Holzschuhe erworben werden.

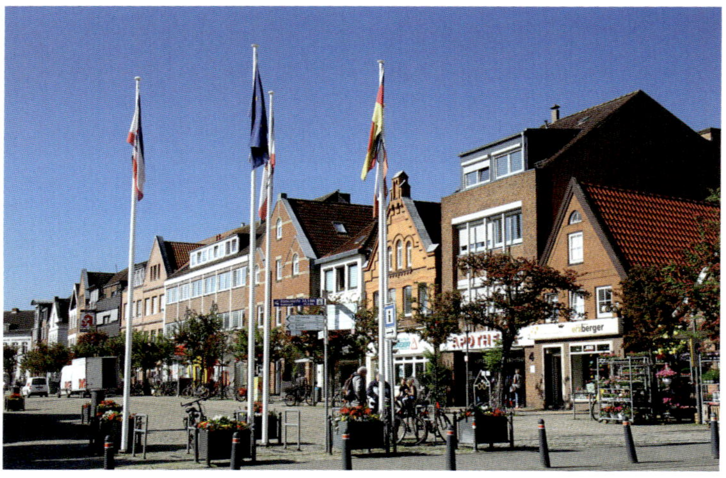

Der Marktplatz in Preetz

- Informationsbüro Preetz Schusterstadt, Mühlenstr. 9, 24211 Preetz, ☏ 043 42/728 04 20, info@schusterstadt-preetz.de, www.schusterstadt-preetz.de, Mo, Di, Do und Fr 10:00 bis 13:00, Mi und Sa 10:00 bis 14:00
- Holzschuhmacherei Lorenz Hamann, Wakendorfer Str. 17, 24211 Preetz, ☏ 043 42/812 17, www.preetzer-holzschuhe.de, Mo bis Sa 9:00 bis 13:00
- ⌘ Holzschuhmuseum in der Holzschuhmacherei, Besichtigung nach tel. Absprache
- ♦ Heimatmuseum, Mühlenstr. 14, 24211 Preetz, ☏ 043 42/18 88, www.museum-preetz.de, Sa und So 15:00 bis 17:00, Eintritt frei, Spende erbeten

5 Eidertal-Wanderweg

Tour für Naturfreunde

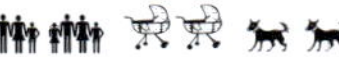

Der Eidertal-Wanderweg erschließt einen Teil des Moränengebietes der oberen Eider mit seinem bis zu 750 m breiten Flusstal. Seltene Tier- und Pflanzenarten bevölkern das einzigartige Geotop mit den Niedermooren. Auf den Eiderwiesen grasen Wildpferde und die Nachfahren der Auerochsen sind auf dem Reesdorfer Ochsenweg von ganz nah zu sehen. Die stark befahrene L318 (ehemals B4) ist zu queren. Ein Teil der Südtrasse von Reesdorf nach Schmalstede verläuft auf der Fahrstraße.

Start/Ziel: Grevenkrug Waldsiedlung, Dorfstraße, An der L318 (ehemals B4), GPS N 54°12.938' E 010°01.385'

9,9 km

2 Std. 30 Min.

181 m/181 m

14-56 m

Schild mit blau geschlängelter Flusslinie, Infotafeln

Auf der Flusstalwanderung müssen Sie dreimal die Moränenrücken erklimmen, die das Eidertal umrahmen. Die Hälfte der Strecke ist geteert oder mit Betonplatten belegt.

deutlich weniger Sitzbänke westlich der Eider, Schutzhütten (km 0,5, km 2,4), Rastplatz (km 4)

350 m vom Start/Ziel an der L318, Reesdorf (km 5,2), Tipp: Reesdorfer Gartencafé in einer alten Bauernkate

Spielplätze bei den Restaurants, Wildtiere im Tal, im Herbst Brombeeren im Knick, Querung der stark befahrenen L318

420 m pfadlos über Quellwiesen mit Kühen bei der blauen Brücke, Ostseite der Nordtrasse streckenweise Feldweg im Sommer durch hohes Gras erschwertes Schieben

Brücke mit gutem Bohlenweg (km 0,8), Trinkwasser an der Eider (km 0,8, km 4,7), Teilstück auf Asphaltstraße

P Parken am Knick am Start/Ziel, wer die Querung der L318 vermeiden möchte, alternativ: Parkplatz in Schmalstede, Bushaltestelle, GPS N 54°11.748' E 010°01.77'; Wanderparkplatz 1,5 km nördlich von Reesdorf im Eiderweg hinter der Bahnunterführung, GPS N 54°11.799' E 010°03.042'

Bordesholm, Neumünster oder Kiel sind gut mit dem Zug erreichbar. Von dort tgl. stündlich mit dem Kielius Linie 4550 zur Haltestelle „Grevenkrug Abzw." an der L318

(SH-Tarif nicht gültig), von Bordesholm mehrmals tgl. Linie 795 Bordesholm-Rammsee, Haltestelle „Grevenkrug Waldsiedlung“, von Kiel ZOB mit der Linie 790 mehrmals tgl. mit Umstieg in Rammsee in Linie 795.

Ein Wegweiser auf der anderen Straßenseite der **L318** macht auf den Einstieg des ✎ Eidertal-Wanderweges bei **Grevenkrug Waldsiedlung** aufmerksam. Wenig später gabelt sich dieser. Sie folgen vorerst der Nordtrasse immer Richtung Reesdorf. Es geht auf der Asphaltstraße weiter durch Buchenwald abwärts bis zur Schutzhütte (km 0,5) mit schönem Ausblick über das **Eidertal**

Obere Eider

Das obere Eidertal ist geprägt durch zahlreiche Quellen, die am Hang austreten, das Erdreich durchtränken, mehr oder weniger große Quellsümpfe bilden, sogar teilweise wieder versickern und sich erst im Talgrund zu erkennbaren Rinnsalen und Bächen sammeln. Als gute Indikatoren für einen Quellaustritt erweisen sich die horstartigen, krautigen Büschel der Seggen, die als eine der häufigsten Pflanzen auf den nassen Standorten anzutreffen sind.

Sie treten geradeaus durch die Zaunpforte und wandern quer über die Flusswiesen zur **blauen Brücke** ❶ (km 0,8).

Die blaue Brücke

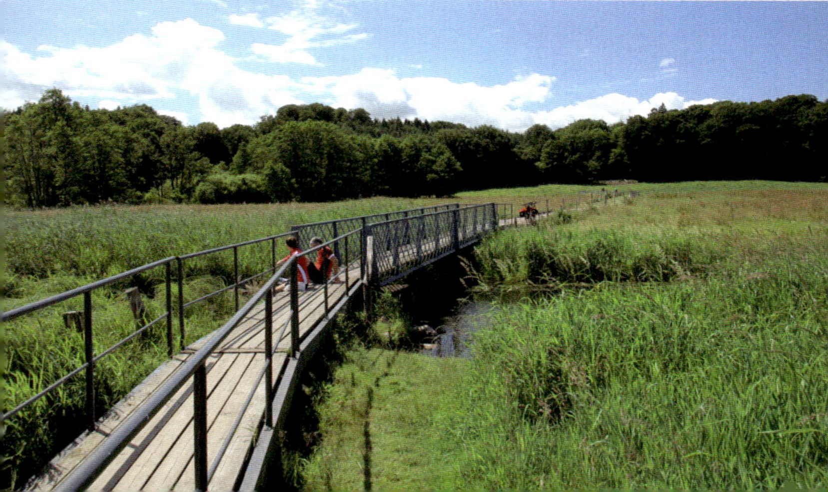

Blaue Brücke und Eider

Das historische Bauwerk aus dem Jahre 1865 ist eine der ältesten Eisenkonstruktionen Schleswig-Holsteins. Ihren Namen erhielt sie allerdings erst 1992 mit dem neuen Farbanstrich in Blau. Hier ist die Eider immerhin schon so breit, dass von einem Fluss gesprochen werden kann. Durch die üppig wuchernden Wasserpflanzen im Flussbett wird die Fließgeschwindigkeit deutlich gemindert. Die zunehmende Verkrautung der Eider verursacht daher immer häufiger Überflutungen, die schon in früheren Jahrhunderten oft die Ernte wegschwemmten und das Heu verdarben. Ab den 1970er-Jahren wurde die wirtschaftliche Nutzung der Eiderwiesen langsam aufgegeben. Die Beweidung erfolgt heutzutage nur noch zum Zwecke des Naturschutzes. Seltene Vogelarten wie die Nachtigall, die Rohrweihe und der Rotmilan haben den Naturraum für sich erobert. Moosbeere und das Gefleckte Knabenkraut breiten sich aus.

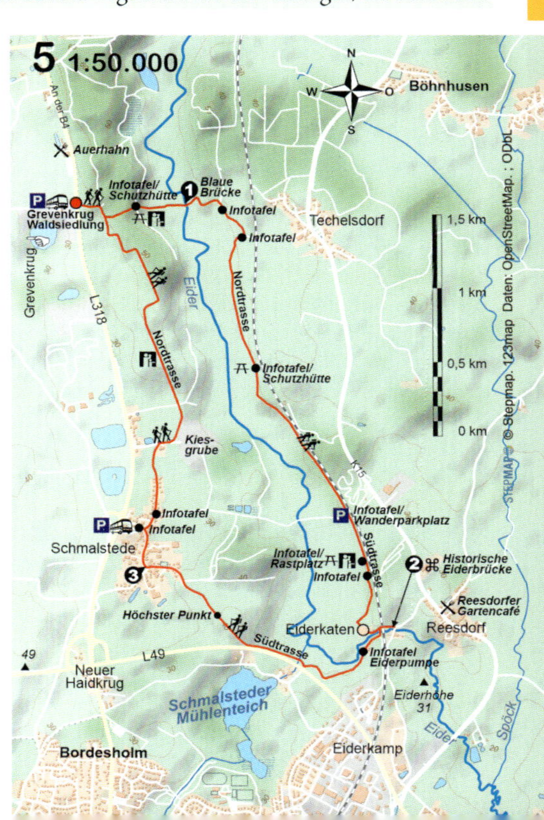

Die Nordtrasse steigt auf der Ostseite wieder zum oberen Talrand hinauf und wendet sich nach Süden. Wunderschön blühende Knicks und grüne, tunnelartige Redder spenden an heißen Tagen Schatten. Nach rechts öffnen sich im leichten Auf und Ab immer wieder herrliche Ausblicke über das Eidertal. Den Wegesrand verschönern zahlreiche Blumen. In der Ferne tummeln sich oft Wildpferde im Tal.

Beim **Wanderparkplatz** (km 3,6) an

der Eisenbahnunterführung beginnt die Südtrasse. Sie orientieren sich weiterhin geradeaus Richtung Reesdorf. Der Weg schlängelt sich entlang des Reesdorfer Ochsenweges. Die Chance, die Nachfahren der Auerochsen – die 1.000 kg schweren Heckrinder – hier von ganz nah auf den Weiden fotografieren zu können, ist hoch. Eine erhöhte Aussicht ergibt sich beim Rastplatz (km 4).

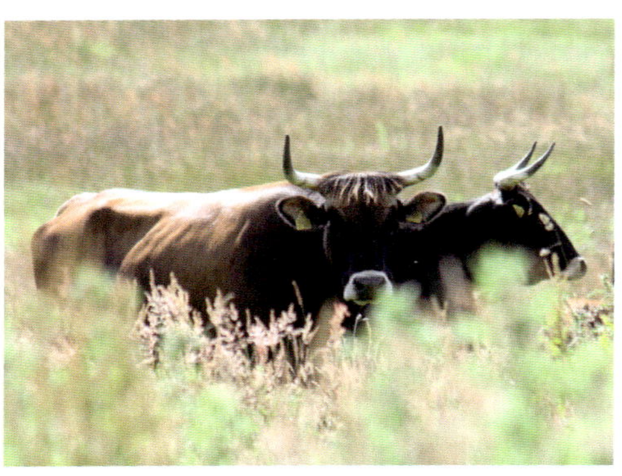

Heckrinder, die Nachfahren der Auerochsen, im Eidertal

Bei den Häusern der **Eiderkaten** mündet der Wanderweg (km 4,4) in die asphaltierte Fahrstraße (kein Fußweg, aber wenig Verkehr), die sich unweit der Brücke über die Eider verzweigt. Auf der anderen Seite der Bahnunterführung überspannt ⌘ die alte steinerne **Eiderbrücke** ❷ den Fluss (km 4,7). Das denkmalgeschützte Kleinod wurde 1803 errichtet. Vorher war hier eine Furt. Der Grund dieser flachen Stelle war so fest, dass sie durchfahren werden konnte. Für Fußgänger gab es einen Holzsteg, der besonders im Winter eine hohe Unfallgefahr barg. Außerdem waren die häufigen Reparaturen kostenintensiv. Eine steinerne Brücke hat dann die Probleme gelöst.

⇆ 1 km

Von der Steinbrücke sind es 500 m bis zum Reesdorfer Gartencafé mitten im Ort.

✕ Reesdorfer Gartencafé, Böhnhusener Weg 2, 24241 Reesdorf, ☏ 043 22/25 83, kontakt@reesdorfer-gartencafe.de, www.reesdorfer-gartencafe.de, 1.5. bis Oktober, Sa, So und Fei 14:00 bis 18:00, selbst gebackene Kuchen und Torten, Schinken- und Käsebrot, Kinderstuhl vorhanden

Zurück an der neuen Eiderbrücke beschreibt die Südtrasse einen weiten Bogen Richtung **Schmalstede** ❸. Auf halbem Wege der Tour überwindet die Fahrstraße den Moränenrücken auf der anderen Talseite. Im Sommer, wenn die

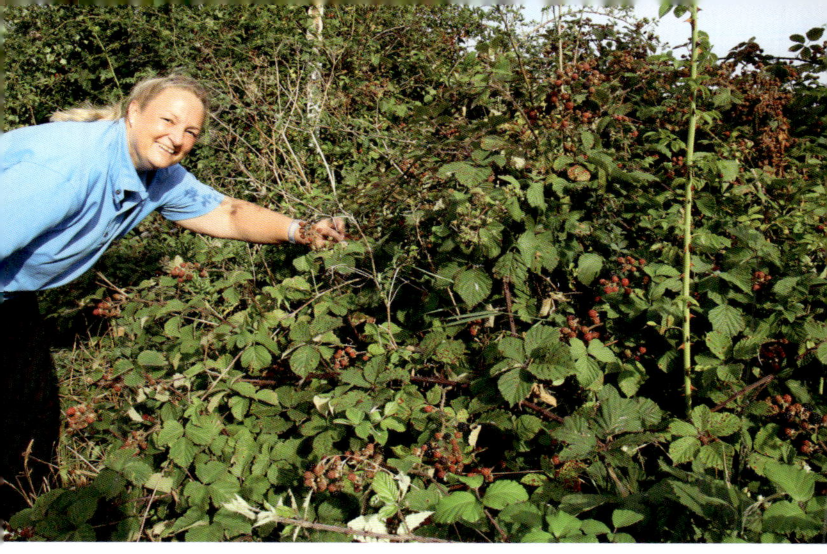

Im August und September sind die Brombeeren in den Knicks pflückreif

Sonne sticht, eine schweißtreibende Angelegenheit. Im Ort (km 6,9) halten Sie sich auf der Dorfstraße ab jetzt Richtung Blumenthal/Grevenkrug. Am P Parkplatz und der Bushaltestelle vorbei gelangen Sie zur Kiesgrube (km 7,9) am Ortsende und wieder auf die Nordtrasse. Die Markierungen sind dort kaum zu erkennen, doch ein Radwegweiser weist weiter den Moränenrücken hoch. Oben sollten Sie ein wenig Zeit für den herrlichen **Weitblick** (km 8,5) nach Süden bis Bordesholm verwenden. Kurvenreich geht es dann im Wald hinab bis zur ersten Gabelung des Eidertal-Wanderweges nahe der **L318**. Wer sich noch vor der Abfahrt stärken möchte, kann dies im Auerhahn etwas weiter nördlich tun.

Hotel und Restaurant Auerhahn, An der B4 Nr. 6, 24241 Grevenkrug,
043 22/22 88, info@auerhahn-grevenkrug.de,
www.auerhahn-grevenkrug.de, Mo bis Fr 18:00 bis 22:00, Sa/So 12:00 bis 15:00 und 18:00 bis 20:00, Kinderstuhl und Wickeltisch vorhanden

6 Dosenmoor

Tour für Naturfreunde

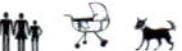

Auf dieser Rundtour begeben Sie sich auf schmalen Wanderpfaden in das größte Hochmoor Schleswig-Holsteins. Das Betreten des Moores ist gefährlich. Die ausgewiesenen Wege dürfen nicht verlassen werden.

Start/Ziel: Wanderparkplatz, Am Moor, GPS N 54°08.361' E 010°00.728'

6,6 km

1 Std. 30 Min.

67 m/67 m

27-46 m

verschiedenfarbig markierte Rundwege, mangelhaft ausgeschildert, aber gut zu finden, Infotafeln

Sie spazieren gemütlich im Hochmoorgebiet auf Feldwegen und Moorpfaden.

wenige Sitzbänke (km 1,1, km 5,3, km 5,8)

Schanze am See, unweit vom Start/Ziel

WC 350 m vom Start/Ziel, Landesstraße L318 Richtung Neumünster am Badestrand des Einfelders Sees

Einsinkgefahr abseits der Wege, Tipp: Schnuckentag im Juni (Straßenfest, Flohmarkt, Führungen), speziell auf Kinder zugeschnitten

größtenteils grasbewachsene schmale Pfade

ganze Strecke Naturschutzgebiet, guter Bohlenweg (km 6), kein Trinkwasser unterwegs

P Vom Restaurant an der L318 biegen Sie in die Einfelder Schanze 103-170d ein, 200 m bis „Am Moor".

Bordesholm und Neumünster-Einfeld sind gut mit dem Zug erreichbar. Von dort morgens bzw. ab mittags verkehrt Mo bis Fr Linie 783 stdl., Sa/So dreimal tgl., Haltestelle „Alte Schanze" beim Restaurant. Geht kein Bus, sind es zu Fuß 1,9 km vom Einfelder Bahnhof am Moor entlang bis zum P Wanderparkplatz.

Taxi: ☏ 043 21/444 44

Nahe dem Start/Ziel finden Sie eine Einkehrmöglichkeit.

Schanze am See, 200 m vom Wanderparkplatz oben an der L318, Einfelder Schanze 96, 24536 Neumünster, ☏ 043 21/95 95 80, info@schanzeamsee.de,

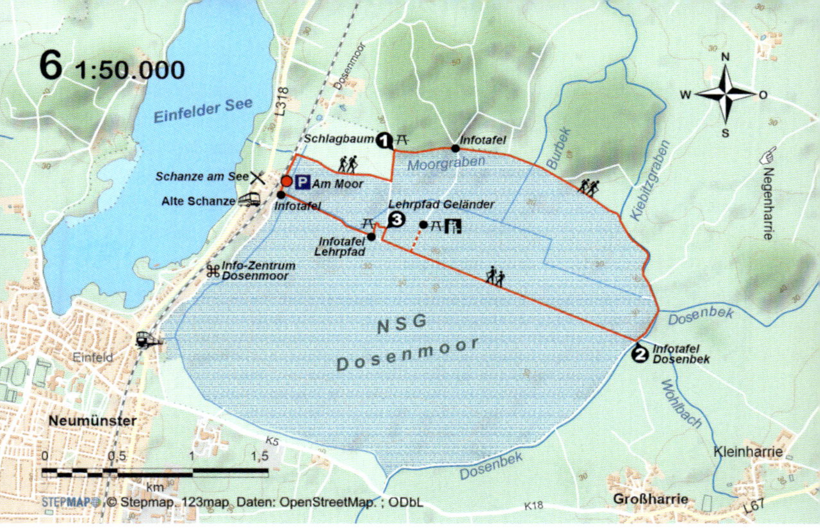

www.schanzeamsee.de, Mo bis Fr 17:00 bis 21:30, Sa/So 12:00 bis 21:30, Kinderstuhl ja, Wickeltisch wird demnächst angebaut, regionale Küche, schöne Aussicht mit Garten auf Einfelder See

Vom **P Parkplatz** kehren Sie Neumünster (ausgeschildert Info-Zentrum) den Rücken zu und wenden sich nordwärts auf den rot markierten Rundweg 3. Bereits nach 200 m biegen Sie von dem sandigen Fahrweg nach rechts auf einen Wanderweg ins Moor ab. Rechts des fußbreiten Pfades im kniehohen Gras beherrscht Moorwald mit Birken und Torfboden das Bild. Links breitet sich lichtüberflutetes Grünland aus. Auf den blumenreichen Wiesen finden Bienen Nahrung. Der Pfad stößt nach 850 m auf eine Querverbindung im wassergetränkten Bruchwald. Viele Libellen, u. a. leuchtend blau glänzend, schweben über dem Gras. Sie sind die wohl auffälligsten Bewohner des Moores.

Das Wanderschild weist nach links durch einen Baumtunnel aus Birken, Ebereschen und Eichen. Er endet an einem **Schlagbaum ❶** an der Grenze des Naturschutzgebietes (km 1,1, ⛼). Sie folgen nun wieder dem roten Rundweg 3 um den Nordrand des Naturschutzgebietes herum. Links des Weges schweift der Blick über landwirtschaftliche Flächen und Wälder. Rechts wechselt sich hauptsächlich Grünland mit Wald und Bruchwald ab. Hin und wieder ist auch ein Stück vernässtes Hochmoor zu sehen.

Ist keine Markierung zu entdecken, halten Sie sich auf den immer schmaler werdenden Feldwegen geradeaus. In der Ferne schallen die markanten Rufe der Kraniche über das Dosenmoor. An der zweiten **Infotafel am Bach Dosenbek ❷** (km 3,7) verlässt der Rundweg 3 das Randgebiet und führt mitten durch das Hochmoor. Im Kernteil öffnet sich eine weite Aussicht über die welligen Moorflächen, in denen wassergefüllte Vertiefungen (Schlenken) in kissenförmige Buckel (Bulten) übergehen.

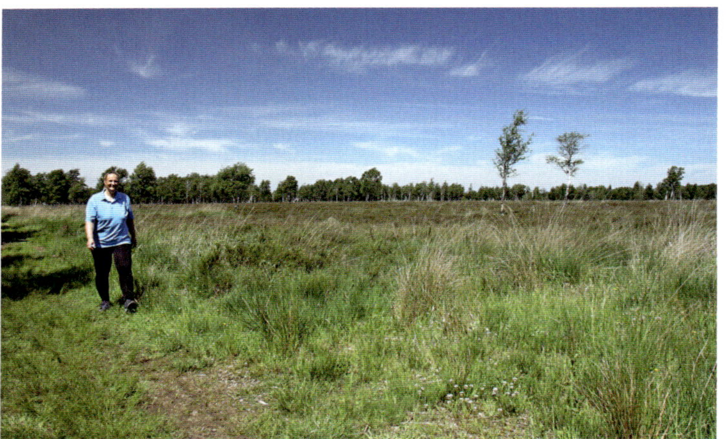

Im Dosenmoor

⇔ Am ersten Abzweig (km 5,3) nach rechts auf dem Rundweg 2 wurde nach 200 m ein **Aussichtspunkt** mit Bank eingerichtet, um die vernässten Wollgrasflächen vom ehemaligen Torfstichgebiet übersehen zu können.

Nicht weit entfernt beim zweiten Abzweig (Markierung gelber Rundweg Nr. 1 fehlt) ist das Geländer des Bohlenweges des **Lehrpfades ❸** (km 5,6) bereits in Sichtweite. Zurück auf dem Rundweg 3 sind es nur noch 700 m bis zur Westgrenze des Dosenmoores. Nahebei befindet sich der Parkplatz.

Das Dosenmoor

Das nahezu kreisrunde Dosenmoor liegt genau auf einer Wasserscheide. Nach Norden sammelt sich das Wasser in der Eider. Nach Süden fließt es in die Stör

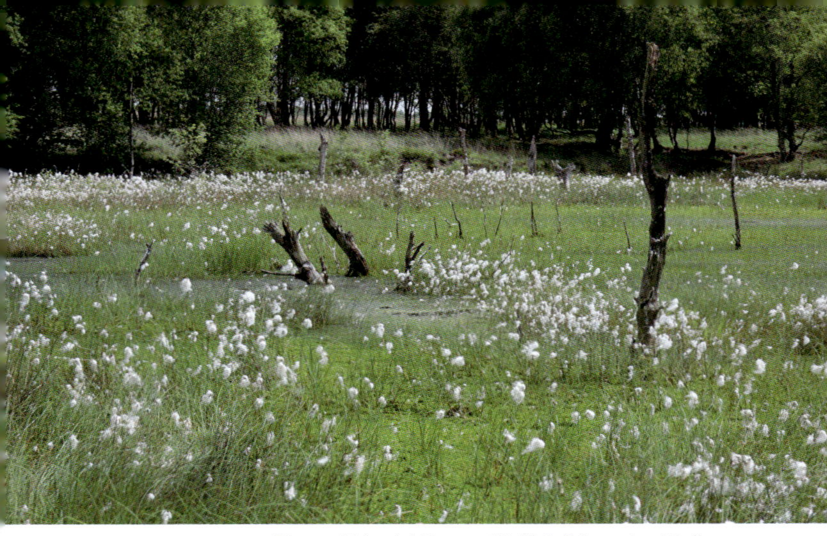

Die weithin sichtbaren Wollköpfchen des Wollgrases

ab. Obwohl es jahrhundertelang von den Menschen genutzt wurde, ist es immer noch das größte regenerierende und teilweise erhaltene Hochmoor Schleswig-Holsteins. Das Gebiet umfasst 521 ha und wurde 1981 zum Naturschutzgebiet erklärt.

Das Torfwerk in Einfeld, in dem heute das Info-Zentrum der Moorfreunde residiert, baute alleine in den zehn Jahren nach 1966 etwa 200.000 m³ Torf ab. Ursprünglich betrug die typische Aufwölbung des Hochmoores 8 bis 10 m. Mittlerweise kann sie nur noch einen Unterschied von etwa 4 bis 5 m aufweisen.

Heutzutage helfen auch Moorschnucken beim Erhalt des Naturraumes. 1.000 Schnucken und 80 Ziegen sorgen dafür, dass die freien Moorflächen nicht von jungen Birken und Pfeifengras überwuchert werden. Angst um ihre Tiere hat die Schäferin nicht. Jedes Tier, das einmal in den Wassergraben gefallen ist, lernt dadurch, bei der Herde zu bleiben.

⌘ Info-Zentrum Dosenmoor, im alten Torfwerk, Am Moor 99, 24536 Neumünster, ☏ 043 21/52 80 55, ✉ dosenmoor@dosenmoor.eu, 💻 www.dosenmoor.eu, 🚪 bei Wanderführungen, öffentliche Führungen zwei- bis dreimal im Jahr, Gruppenführungen auf Bestellung, Infos: Herr Hoffmann, ☏ 043 21/75 53 73, € 6/Pers., mind. € 90/Gruppe, Info-Zentrum und Torfwerk zusätzlich € 1, Kind € 0,50

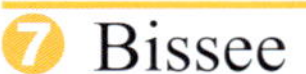

7 Bissee

Tour für Familien, Kulturliebhaber und Genießer

In idyllischer Umgebung auf Feld- und Waldwegen bietet Bissee Kunsthandwerk, kulinarische Genüsse und im Sommer den Skulpturenpfad. Auf dem erlebnisreichen Lehrpfad Bothkamp-Hof Siek erfahren Sie Wissenswertes über Natur und Landwirtschaft der Region. Schöne Reetdachhäuser säumen die Rundtour. Auf Teilstrecken muss mit ein wenig Autoverkehr gerechnet werden. Nehmen Sie Proviant und Trinkwasser für unterwegs mit!

Start/Ziel: Antikhof Bissee, im Ortszentrum Bissee, GPS N 54°11.440' E 010°06.709'

8,7 km

2 Std. 15 Min.

151 m/151 m

24-58 m

nur Lehrpfad markiert, grün mit gelbem Pfeil

Selbst die Fußsteige in Bissee wurden mit Sand bzw. feinen Kies angelegt. Unter dem Blätterdach am Bothkamper See und Viehteich können die Mücken schon mal nerven. Auf der sandigen Fahrstraße kann nach Trockenphasen der aufgewirbelte Staub für eine unerwünschte Puderschicht sorgen. Dennoch ist die abwechslungsreiche Tour im leichten Auf und Ab ein kleiner Geheimtipp abseits der Touristenströme an der Küste.

Rastplätze und Sitzbänke am Lehrpfad (km 3,8 bis 5,9)

Antikhof Bissee am Start/Ziel

Badestelle am Bothkamper See (km 1,2)

„Sieki", das Regenwurm-Maskottchen, zeigt Kindern spielerisch den etwa 3 km langen Lehrpfad, Spielplatz Antikhof

Lehrpfad: Ausstieg aus der Kiesgrube über Stufen, Teilstück über grasbewachsenen Feldrand, Fahrstraße manchmal etwas steinig

Zwei Seen (km 1,1, km 4,3) bieten ausreichend Gelegenheit zum Trinken.

P Antikhof Bissee

Bordesholm erreichen Sie stdl. mit dem Regionalzug, von dort geht es an Schultagen frühmorgens und mittags mit der Buslinie 783 nach Bissee und zurück, Sa/So mehrmals tgl., in den Schulferien Busverkehr nur am Wochende, Haltestelle „Bissee"

Rückfahrt per Taxi: Taxi Autoruf Bordesholm: ☏ 043 22/88 86 33,
Taxi Rohwer: ☏ 043 22/33 33, Bordesholm-Bissee um € 15

Der rustikale ⌘ **Antikhof Bissee** hat sich im Land mit dem Konzept „FEINheimisch-Genuss aus Schleswig-Holstein" einen Namen gemacht. Die ambitionierte regionale Küche des zertifizierten Bioland-Restaurants hat bereits Preise erhalten – für Genießer ein Muss.

Antikhof Bissee, Eiderstr. 13, 24582 Bissee, ☏ 043 22/25 00, info@antikhof-bissee.de, www.antikhof-bissee.de, Mi bis Fr 17:00 bis 23:00, Sa/So 12:00 bis 23:00, Kaffeegarten

Von der Einfahrt wandern Sie die Dorfstraße entlang nach Süden. Malerische alte Bauern- und Reetdachhäuser und hübsche Gärten säumen die Straße.

⌘ Skulpturensommer in Bissee, jährlich wechselnde Skulpturenausstellung in den Vorgärten des Dorfes, Mitte Mai bis Mitte Okt, www.skulptur-in-bissee.de

Kurz vor Ortsende zweigt nach links der Bothkamper Weg Richtung Nettelsee/Hof Siek ab. Er führt rechts am letzten Hof vorbei auf einem Feldweg in die hügelige Geestlandschaft hinein. Es öffnen sich herrliche Aussichten über den Bothkamper See und die Flusslandschaft der Drögen Eider. Hinter der Brücke über den Fluss verschwindet ein Pfad nach links in den Bothkamper Wald. Er bringt Sie zum **Bothkamper See** ❶ (km 1,1) und windet sich weiter am Ufer entlang. Durch den dichten Waldbewuchs lässt sich nur hin und wieder ein Blick auf den See erhaschen. Der Uferweg endet am Fahrweg zum Gut Bothkamp (km 1,6).

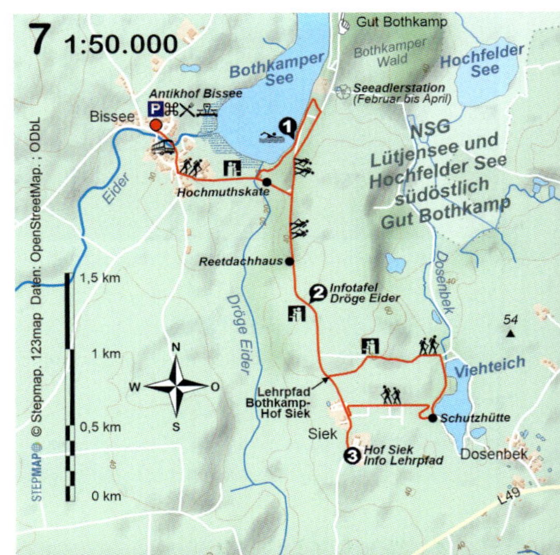

Von Mitte Februar bis April befindet sich auf einem nahen Feldweg in einem Wohnwagen eine Seeadler-Station. Dann ist das Gebiet östlich der

ungeteerten Straße zum Schutz der Vögel während der Brutzeit gesperrt. Mit etwas Glück ist aber einer der majestätischen Herrscher der Lüfte am Himmel zu sehen. Fernglas mit einpacken!

Sie kehren um und wandern am Waldrand zurück. Sie ignorieren aber den Abzweig nach Bissee (km 2,2) und laufen weiter hügelaufwärts. Im Sommer an heißen und trockenen Tagen kein Vergnügen, wenn ein vorbeifahrendes Auto eine Staubwolke aufwirbelt. Oben auf dem Hügelrücken wartet eine schöne Rundumsicht über die Felder und Wiesen und hinab ins Tal der **Drögen Eider ❷**. Eine Infotafel gibt Auskunft über das Gebiet. Ein Stück tiefer verstecken sich links des Fahrweges hinter einem Durchbruch im Knick die Hinweisschilder des **Lehrpfades Kulturlandschaft Bothkamp-Hof Siek** (km 3,5).

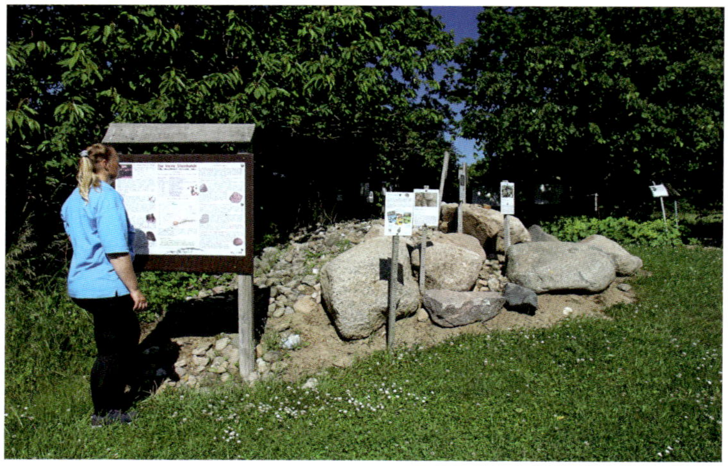

Auf dem Lehrpfad Kulturlandschaft Bothkamp – Hof Siek

Lehrpfad Kulturlandschaft Bothkamp-Hof Siek mit über 40 Infotafeln und einigem zum Erforschen, Gruppenführungen möglich, www.barkauerland.de, kostenlos, Spende zum Erhalt erbeten

Der Rundgang führt nach links zur Kiesgrube mit dem Bodenerlebnispfad und hinauf zum Aussichtspunkt über das Barkauer Land. Der sehr lehmige Feldweg hinab zum fischreichen **Viehteich** (km 4,3) ist nach längerem Regen äußerst matschig. Ende Oktober wird das Wasser vom See abgelassen und die Karpfen in den Anlagen im Wald werden abgefischt. Für die Beteiligten ist dies Schwerstarbeit mit höchstem Schmutzfaktor, für die Zuschauer ein Schauspiel.

☺ Idyllische Uferwege umschließen das Gewässer einmal komplett in 1,5 km. Lassen Sie die Hektik des Alltags hinter sich und atmen Sie einmal tief durch.

Am anderen Ende des Sees geht es auf grasbewachsenen Feldrändern wieder hoch. Kurz vor der Fahrstraße absolviert der Lehrpfad durch eine Pforte noch einen kleinen Schlenker über das anschließende Feld. An den Bauernhäusern von Siek vorbei gelangen Sie nach links zum Infotreff am **Hof Siek** ❸ mit Spendenkasse (km 5,8). Ein Blick auf die schönen, weitläufigen Hofanlagen der Familie von Bülow-Bothkamp lohnt sich. Dort drehen Sie um und wandern zurück bis zum Abzweig nach Bissee. Ausgeschildert aus dieser Richtung ist die **Hochmuthskate** (km 7,6). Das schöne alte Reetdachhaus wird nicht weit entfernt passiert. Der Weg von der Brücke über den Fluss Dröge Eider bis zum **Antikhof Bissee** ist derselbe wie der Hinweg.

Neben den Skulpturen sind in Bissee auch alte Bauernhäuser zu bewundern

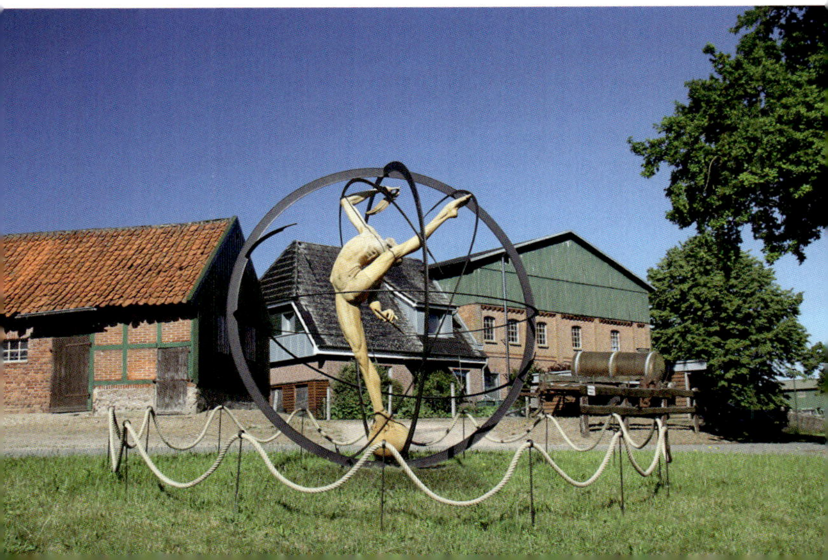

8 Erlebniswald Trappenkamp

Tour für Familien

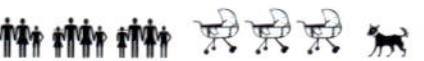

Den Osten des ausgedehnten Segeberger Staatsforstes nimmt der Erlebniswald Trappenkamp ein. Sie kommen auf Tuchfühlung mit Wildtieren, lernen viel über den Naturraum Wald und gerade für Kinder ist das abwechslungsreiche Angebot riesig. Auf den vielzähligen, schönen Waldwegen verläuft sich der Besucherstrom bald, sodass das einmalige Walderlebnis auch in Ruhe genossen werden kann.

Start/Ziel: Haupteingang Erlebniswald Trappenkamp, Tannenhof, Daldorf, GPS N 54°01.479' E 010°14.353'

6 km

1 Std. 30 Min.

90 m/90m

44-59 m

Wegweiser an Verzweigungen, Lageplan an der Information im Waldhaus (km 0,2) erhältlich, viele Infotafeln

Die Tour verläuft gänzlich auf guten Sand-, Wald- und Forstwegen und erweist sich als angenehmer Spaziergang für die ganze Familie.

viele Rastplätze, Sitzbänke und Schutzhütten, Grillplätze zum Mieten, Müll muss selbst entsorgt werden (kostenlose Abfalltüten an der Information)

WaldKüchenMeister (aktuell geschlossen, Stand April 2022) und Kalkbergcafé im Waldhaus am Anfang der Tour

Waldladen im Waldhaus

viele verschiedene Spielplätze, Wildtiergehege, Lehrpfade für unterschiedliche Altersgruppen, Trimm-dich-Pfad, Indianerfort, Hochseilgarten, Greifvögelflugshow, Schmetterlingsgarten, Kutschfahrten, Ponyreiten, Streichelgehege, Ausstellung „Faszination Wald" im Waldhaus mit vielen interaktiven Stationen, mehrere Veranstaltungen übers Jahr speziell für Kinder

einfach für Buggys

Leinenpflicht, keine Trinkgelegenheit, Hunde auf Spielplätzen, im Wildschweingehege und Waldhaus nicht erlaubt, umzäunter Hundewald zum Auslauf (km 2,4), Hundeabfälle müssen mitgenommen werden

P Haupteingang Erlebniswald Trappenkamp

Linie 410 Kiel-Bad Segeberg mehrmals tgl. nach Daldorf, Haltestelle Dorfstraße, von dort 1,4 km Fußweg bis zum Erlebniswald (ausgeschildert)

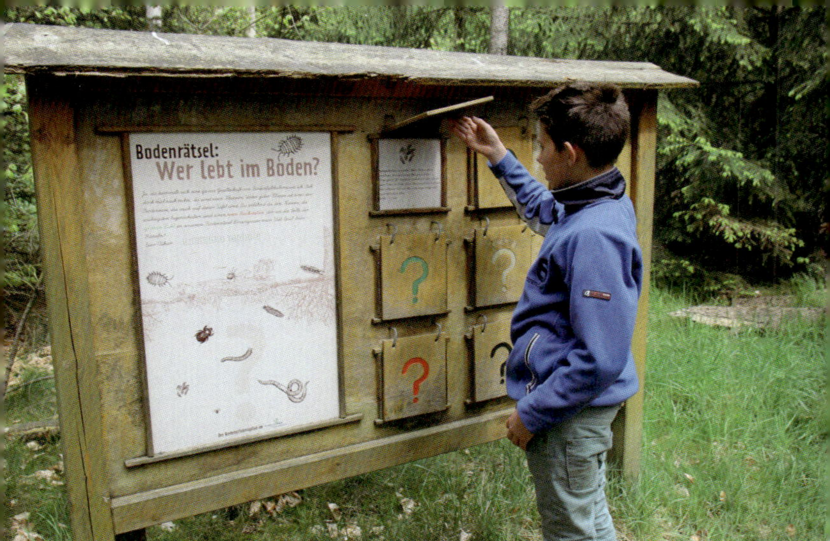

Auf dem Familienerlebnispfad

Der Erlebniswald Trappenkamp gilt als eines der beliebtesten Ausflugsziele für Familien.

Erlebniswald Trappenkamp, Tannenhof, 24635 Daldorf, 043 28/17 04 80, www.erlebniswald-trappenkamp.de, Mo bis Fr 10:00 bis 16:00, Sa/So 7:00 bis 17:00, Aufenthalt auf dem Gelände bis 20:00 möglich, Nov bis Feb ab 16 J. € 6, Kind € 4, Familien € 16, März bis Okt ab 16 J. € 8, Kind € 5, Familien € 21, mehrere interessante Veranstaltungen im Jahr

Vom Haupteingang bei Daldorf durchqueren Sie die Zone mit den Spiel- und Grillplätzen, der Falknerei, und vielen anderen Vergnügungsangeboten und umrunden das Waldhaus (km 0,2).

Kalkberg Café, tgl.10:00 bis 17:00, Imbissangebot, Kuchen und Waffeln, guter Kaffee aus der Rösterei in Segeberg

Waldladen im Waldhaus: Kunsthandwerk, Wildspezialitäten, Honig, Brennholz, Literatur, Souvenirs, Kiosk

Sie kommen am Bienengarten vorbei und legen einen Stopp am Schmetterlingsgarten (km 0,5) ein. Auch wenn keine Schmetterlingszeit ist, sind in der idyllischen Anlage viele schöne Blumen zu bewundern. Ein paar Schritte entfernt befindet sich ein Aussichtsplatz für das Rot- und Damwildgehege. Das große Eingangstor (km 0,8) in das eingezäunte Gelände ist wenig später nicht zu übersehen. Ein Pfad führt mitten hindurch. Kleine Wäldchen wechseln sich mit Lichtungen ab. Wenn Sie sich ruhig verhalten, können Tiere nahe vorbeistreifen.

Auf halbem Wege durch das Gehege ist ein kurzer Abstecher zu einer erhöht gebauten, überdachten **Aussichtskanzel ❶** möglich.

Nachdem Sie das Gehege verlassen haben (km 1,7), kehren Sie Richtung Haupteingang zum Eingangstor des Geheges zurück. Nach rechts ist es ein Katzensprung bis zu den Walderlebnispfaden. Sie beginnen auf dem Waldgeheimnispfad, an den sich der Bodenerlebnispfad anschließt. Im dichten Wald ist es selbst im Hochsommer kühl und schattig – ideale Wachstumsbedingungen für Moose. Im Herbst sprießen allerlei Pilzkolonien aus dem Boden und umringen Baumstämme mit kunstfertigen Mantelkrägen. An der Station „Tiefumbruchboden" gehen Sie nicht geradeaus, sondern wählen den linken Pfad. Er endet an einem großen Tor mit **Schutzhütte ❷** (km 2,8). Geradeaus geht es zum Hundewald. Links von der Schutzhütte setzt sich die Tour durch das Waldgebiet auf dem Forstweg Richtung Trappenkamp fort (Autoverkehr nicht ausgeschlossen).

Der Segeberger Forst

In der letzten Eiszeit dehnten sich die Gletscher bis an dieses Gebiet heran aus. Durch Schmelzwasser wurde sandiges Material hier vor dem Eisrand abgelagert. Der nährstoffarme Boden eignete sich jedoch nicht für den Ackerbau. Wald konnte sich ungehindert ausbreiten. Erst im 16. und 17. Jh. wurde dringend Holz für Glashütten, Köhlereien und den Schiffbau benötigt. Bäume wurden großräumig gefällt. Zurück blieb eine kahle Fläche, auf der sich Heide ansiedelte. Daher ist der Name „Segeberger Heide" noch heute üblich. Von 1782 bis 1802 bemühte man sich um die Wiederaufforstung. Über 6.750 kg Nadelholzsamen wurden ausgesät. Die Kriege forderten neue Lücken, die nach 1945 wieder aufgefüllt wurden. Der Segeberger Forst ist mit über 4.000 ha heute das zweitgrößte zusammenhängende Waldgebiet Schleswig-Holsteins. Es wachsen hauptsächlich Fichten, Kiefern und Lärchen. Buchen und Eichen machen nur etwa 10 % aus.

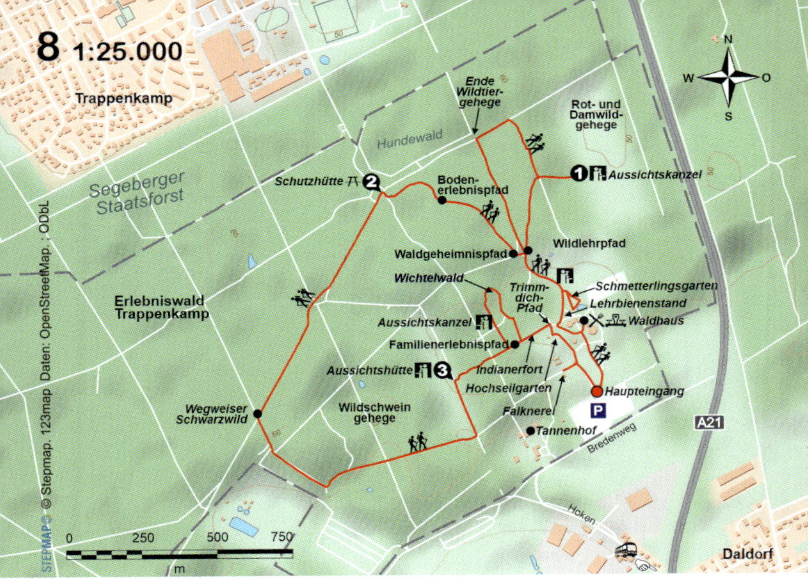

Sie bleiben so lange auf diesem Forstweg, bis der Wegweiser mit „Schwarzwild" am Wegesrand auftaucht. Links zwischen den Bäumen ist schon die grüne Eingangsschleuse zum Wildschweingehege zu erahnen (km 3,8). Lassen Sie sich vom Schild „Betreten auf eigene Gefahr" nicht abschrecken. Wie der Förster versicherte, sind die Wildschweine an Menschen gewöhnt und betrachten sie nicht als Gefahr, kommen aber schon mal zum Schnuppern heran.

Damit es so bleibt, dürfen die Tiere keinesfalls gefüttert werden. Auch wenn Sie von Wildschweinen umzingelt sind, versuchen Sie nicht, sie z. B. mit Gummibärchen loszuwerden. Die Tiere merken sich: Tasche und Geraschel von Papier bedeutet lecker Fressen, und könnten sich schon mal wild auf einen stürzen.

Der breite Waldweg quer durch das Gehege führt zu einer großen Lichtung am anderen Ende. Nach links am Zaun entlang wird die große überdachte **Aussichtsplattform ❸** (km 4,7) erreicht, wo das Gelände wieder verlassen werden kann.

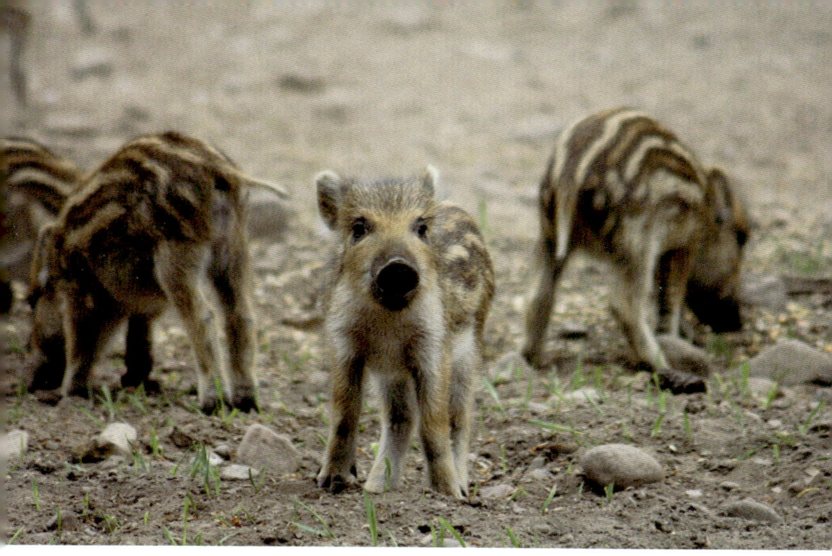

Im Wildschweingehege

☺ Wildschwein-Schaufütterung, 1.3. bis 31.10. tgl. 14:00

Nachdem Sie über den Holzsteg das Wildschweingehege hinter sich gelassen haben, halten Sie sich an der Wegkreuzung geradeaus. Es reiht sich bis zum Waldhaus eine Unterhaltungsmöglichkeit an die andere: Familienerlebnispfad, Trimm-dich-Pfad, Indianerfort und Hochseilgarten. Die letzten 300 m zum Haupteingang durch die Spielzone könnten für Eltern noch einmal zur Geduldsprobe werden. Übrigens: Von April bis September sprudelt aus einem 1,6 m hohen und 5 t schweren Granit-Findling auf Knopfdruck das hella Mineralwasser direkt aus der **Quelle** bei der WaldWasserWelt.

9 Schönberger Strand

Tour für Familien, Geschichts- und Naturfreunde

Die erlebnisreiche Küstentour auf Strand- und Feldwegen oder auch mal barfuß im Sand erforscht die beeindruckende Landschaft der Strandseen. Diese entpuppt sich als ein Paradies für Vögel. Gerade im Frühjahr und Herbst legen unzählige Zugvögel hier eine Pause ein. Sie können sie aus der Nähe beobachten. Auf Gut Schmoel dagegen tauchen Sie tief in die Geschichte ein. Oder machen Sie eine Fahrt mit der Museumsbahn! Baden ist entlang der Küste mit ihren kilometerlangen Stränden überall möglich.

Start/Ziel: Deichaufgang, Am Schierbek, Schönberger Strand, GPS N 54°24.779' E 010°24.955'

16 km

4 Std.

62 m/62 m

0-22 m

unmarkiert, aber einfach zu finden, Übersichtstafeln bei den Naturschutzgebieten, Infotafeln

Auf der Strand- und Küstenwanderung bereitet der langegezogene sanfte Anstieg zum Gut Schmoel keine Schwierigkeiten. Nur die Deichwege für knapp 4,5 km Schönberger Strand hin und zurück sind gepflastert bzw. geteert.

viele Sitzbänke

große Auswahl am Start/Ziel, Tipp: die besten Fischbrötchen am Deich bei Fischräucherei Ehlers, Süßes und Deftiges wie bei Oma im historischen Café Oma's Kaffeestuuv, auf dem Rückweg Einkehrmöglichkeit in Grünberg (km 5,9)

WC in Schönberger Strand mehrere in unmittelbarer Nähe der Straße entlang des Deiches, bei der Touristeninformation, Strandkrabbe (km 5,9)

mehrere Läden, zwei Bäcker und Supermarkt in Schönberger Strand

Strand entlang der ganzen Küste, Schönberger Strand 15.3. bis 31.10. gebührenpflichtig, NSG gesperrt 1.4. bis 30.9.

Vogelbeobachtung, Strandführungen, Interessantes im NaturErleben-Zentrum, viele Spiel- und Wassersportmöglichkeiten am Strand. Sehr selten, aber möglich: alte Kriegswaffen als gefährliches Strandgut! Schönberger Strand: Spielplatz, Trampolinspringen am Strand (Sommer), viel zu sehen und zu erleben bei den Museumsbahnen, Spielplätze und Minigolf in Schönberger Strand

Größtenteils problemlos, aber die Strandstrecken entlang der Strandseen sind mit Buggy nicht machbar (km 2,2, km 5,4). Weichen Sie hin und zurück auf die etwas längere Strecke auf den befestigten Wegen aus.

Naturschutzgebiet, Leinenpflicht auf den Deichwegen, viel Auslauf auf den Küstenwegen, aber auch viele Radler unterwegs, zwei Hundestrände (km 1,9, km 5,1), Trinkwasser nur im Restaurant, Mülleimer nur in Schönberger Strand

P Es gibt mehrere Parkplätze im Ort (gebührenpflichtig 15.3. bis 31.10.), am besten nutzen Sie den großen Parkplatz bei den Museumsbahnen am Ortseingang, 200 m zum Start, Tageskarte € 3, GPS N 54°24.400' E 010°24.430'. Einen gebührenfreien Parkplatz finden Sie in Grünberg am Strand, GPS N 54°23.235' E 010°29.460'. Bei Anfahrt mit dem Auto kann die Tour auch alternativ von dort gestartet werden.

von Kiel mit der Linie 200 tgl. tagsüber stündlich nach Schönberger Strand, Haltestelle „Schönberger Strand", 150 m bis zum Start

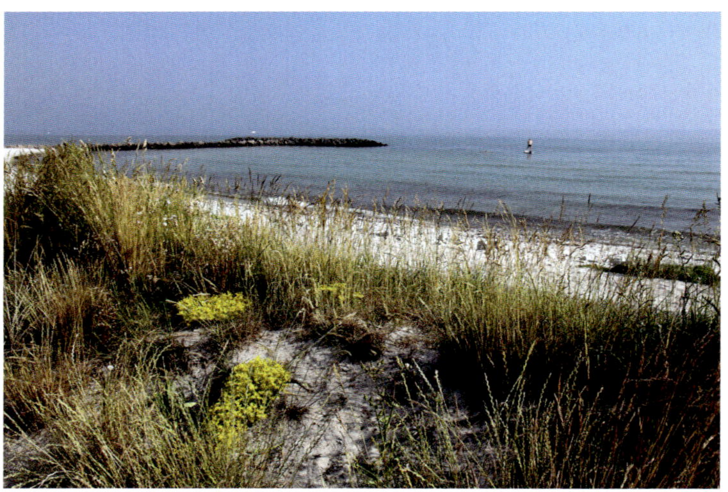

Die gelben Büschel des Scharfen Mauerpfeffers stechen am Schönberger Strand ins Auge

Der Deichaufgang am Ende der Straße „Am Schierbek", liegt zentral in **Schönberger Strand** nahe der Seebrücke. Der Deich wurde zum Schutz gegen die Sturmfluten errichtet, die in den vergangenen Jahrhunderten mehrmals das Hin-

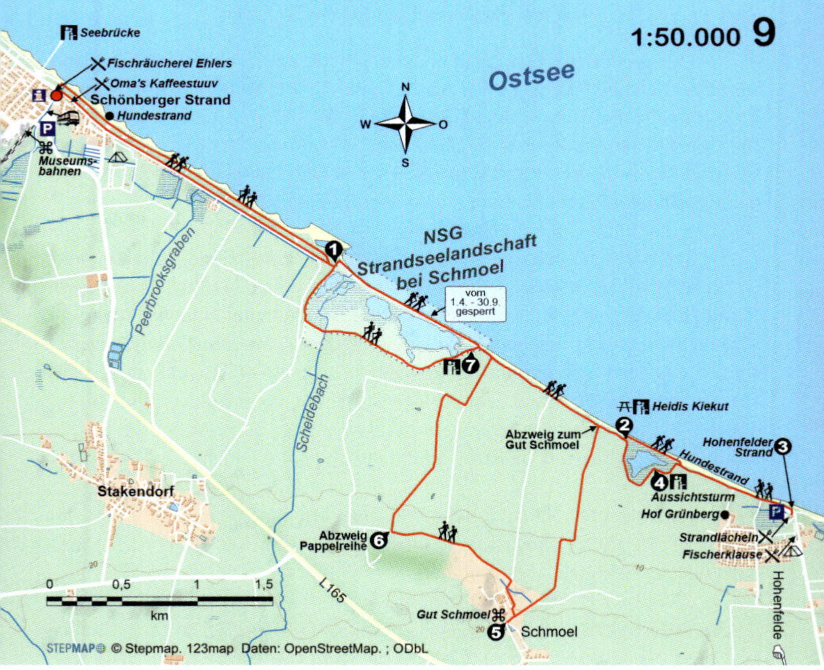

terland überfluteten. Im Frühjahr sprenkelt Löwenzahn die Deichdecke mit gelben Farbtupfern. Sie wenden sich auf der Deichkrone, die weite Ausblicke über die Ostsee gestattet, nach rechts. Hinter den Deich ducken sich die Häuschen des alten Fischerortes. Dann wird es international: Der Campingplatz liegt nämlich in Panama. Übrigens, Brasilien und Kalifornien gibt es auch.

Brasilien, Kalifornien, Panama

Einmal wurden im Sand Teile des Schiffes „California" angespült. Ein Fischer nahm die Planke mit dem Schiffsnamen mit nach Hause und nagelte diese an die Haustür. Ein konkurrierender Fischer aus der Nachbarschaft wollte wohl mithalten. Jedenfalls hing bald ein Brett mit „Brasilien" darauf gepinselt an seiner Tür. Die exotischen Namen fanden allgemein so großen Anklang, dass sich daraus die Bezeichnungen der Ortsabschnitte von Schönberg entwickelten. So kann zu Fuß in fünf Minuten von Kalifornien nach Brasilien gegangen werden.

Der gepflasterte Deichpfad endet am Naturschutzgebiet „**Strandseelandschaft bei Schmoel**" ❶ (km 2,2). Als Ausgleich für die Deichverstärkung an der Probsteier Ostseeküste wurde an dieser Stelle der Deich abgetragen. Die Küste blieb dem Wind und dem Meer überlassen, die in dem flachen Gelände kleine Seen und einen breiten Strandwall entstehen ließen. Die neuen Lagunen bieten einer vielfältigen Vogelwelt einen ungestörten Lebensraum.

Sie verlassen die befestigten Wege und gehen zum Strand hinunter. Nach rechts darf der 10 m breite Spülsaum an der Wasserlinie betreten werden. Eine Seilabsperrung grenzt ihn vom Strandwall mit salztoleranter Flora wie Meersenf, Meerstrandkohl und Salzmiere ab, wo im Frühjahr bevorzugt Austernfischer, Sandregenpfeifer und Seeschwalben brüten. Dennoch ist Vorsicht angebracht. Die gut getarnten Eier sind zwischen den Steinen und Sand kaum zu sehen. Mit etwas Glück sind ein paar Schwäne im Wasser auf Nahrungssuche, die Ihnen – wenig scheu – direkt vor die Füße schwimmen.

☹ Zum besseren Schutz der empfindlichen Tier- und Pflanzenwelt wird vom 1.4. bis 30.9. die Strandabschnitte im Brutgebiet komplett gesperrt. Es bleibt dann nur der befestigte Weg drumherum.

Am anderen Ende des Schutzgebietes (km 3,4) können Sie am Strand weiterspazieren oder oberhalb des Steilabbruches dem Küstenweg folgen. Alle paar Jahre werden die Felder entlang der Küstenlinie mit Raps bepflanzt. Fotografen schlägt das Herz dann höher, wenn an schönen Tagen das Blau des Meeres, das Grün der Weiden und das leuchtende Gelb des Rapses das Bild füllen.

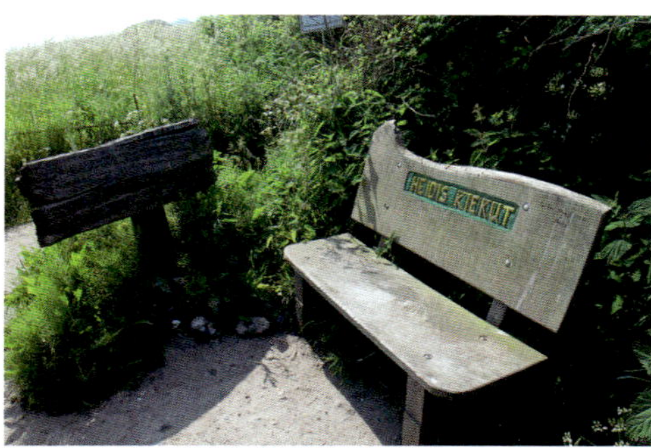

Gemütliche Aussichtsecke am Strandsee

Beim zweiten kleineren **Strandseengebiet** (km 4,6) ignorieren Sie den befestigten Umgehungsweg. Dort lädt zunächst **Heidis Kiekut** ❷ am dichten Bewuchs des Strandwalles zum Verschnaufen ein. Von Ihrer erhöhten

Position genießen Sie einen schönen Weitblick. Dann geht's am Strand entlang weiter. Der Naturstrandabschnitt (km 5) auf der anderen Seite des Strandsees bis **Grünberg** ist für Hunde zugänglich. Auf dem Küstenweg beträgt die Entfernung bis zum Ort noch 800 m. Beim Parkplatz am **Hohenfelder Strand** ❸ stechen die Rundbauten der Strandkrabbe ins Auge. Um die Ecke an der Fahrstraße lockt die rustikalere Fischerklause Kundschaft.

Strandlächeln, Strandstraße 23, 24257 Hohenfelde, 043 85/216 99 70, kontakt@strandlächeln.de, www.strandlaecheln.de, Mi bis Sa 17:00 bis 21:30, So 12:00 bis 21:30, gehobene Küche vom Sternekoch, Hunde wegen offener Küche nur im Außenbereich erlaubt

Fischerklause, Strandstraße 21, 24257 Hohenfelde, 01 71/788 51 71, www.fischerklause-hohenfelde.de, Fr bis Sa 17:00 bis 20:00, So 12:00 bis 20:00, April bis Sep tgl. 12:00 bis 20:00, Dez bis Mitte Feb geschlossen, Tipp: große Portionen Hausmannskost und günstig, kein Kinderstuhl und Wickeltisch

Strandmarkt mit Bäckerei Glüsing und kleinem SB-Laden, Strandstr. 21, 24257 Hohenfelde, Mo bis Fr 7:00 bis 11:00 u. 14:00 bis 16:00, Wochenende 7:00 bis 12:00, Sa dazu. 14.00 bis 17:00, So nur bis 16.00, wegen Personalmangels muss jederzeit mit Schließung gerechnet werden

Naturerlebniszentrum, NaturErleben Hohenfelde e. V., Strandkrabbe, Strandstraße 23, 24257 Hohenfelde, 043 85/877 9950, www.naturerleben-hohenfelde.de, zurzeit (Stand Mai 2022) Ausstellung mit den Aquarien noch geschlossen und keine Natur- und Strandführungen

Steine am Strand

Auf Schritt und Tritt finden sich schwarze, bernsteinfarbene oder rötliche Feuersteine am Strand. Den Steinen werden heilende Kräfte nachgesagt. Ihre speziellen Schwingungen sollen die Selbstheilungskräfte anregen. Ihren persönlichen Heilstein müssen Sie erfühlen. Wenn er in der Hand relativ schnell angenehm warm wird, dann ist es der richtige.

Beim Sammeln am Strand kann ebenfalls Munition aus dem Zweiten Weltkrieg gefunden werden. Sie wurde nach Kriegsende im Meer versenkt. Etwa 1,6 Millionen Tonnen Altmunition sind allein in der deutschen Nord- und Ostsee der Korrosion ausgesetzt. Das Sicherheits- und Umweltrisiko steigt zunehmend. Nun kommt wieder Bewegung in die Entsorgung. Im Bundestag sind neue Anträge zum verantwortungsbewussten Umgang mit Kampfmitteln mittels Nutzung

Technologien der Wirtschaft beschlossen worden. Am Strand angespülte verdächtige metallische Gegenstände oder vermeintliche Steine, die Hände und Bekleidung stark gelb färben, sollen umgehend der Polizei gemeldet werden. Stecken Sie gesammelte Strandobjekte grundsätzlich nicht in die Tasche, sondern transportieren Sie sie möglichst in einem Behälter aus Metall. Gefährlich sind Phosphor-Reste, die leicht mit Bernstein zu verwechseln sind. Ein Infoblatt ist bei der Touristinformation erhältlich.

Auf dem Rückweg nehmen Sie beim kleinen **Strandsee** den bequemen landseitigen Umgehungsweg. Vom **Aussichtsturm ❹** (km 6,9) ist das Vogelleben ausgezeichnet zu beobachten. Hinweistafeln erklären, welches Federvieh sich dort tummelt. Den Abzweig zum Gut Schmoel (km 7,6) flankieren zwei große Findlinge mit eisernen Pfosten. Der Feldweg strebt landaufwärts. Schließlich wird eine beeindruckende Kastanienallee durchschritten. Geradeaus sind es wenige Schritte zum stattlichen Torhaus von ⌘ **Gut Schmoel ❺** aus dem Jahr 1699 (km 9,2). Der Name hat slawische Wurzeln. Smola (russ.) bedeutet Harz, Pech, Teer. Vermutlich gab es hier mal eine Köhlerei.

Auf dem Aussichtsturm am Strandsee

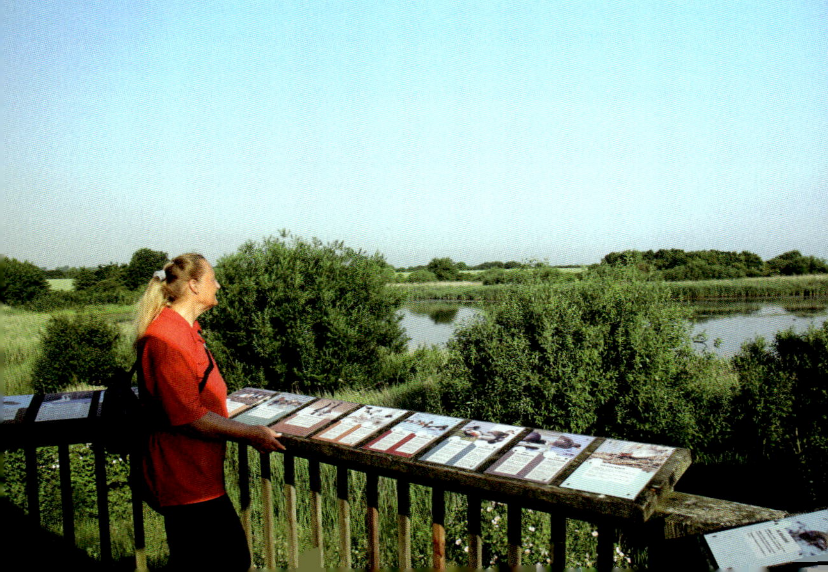

Die Hexenprozesse von 1686

Vor gut 325 Jahren wurden 18 leibeigene Bauern des Gutes Schmoel der Hexerei angeklagt. Der damalige Gutsherr, Christoph Rantzau zu Schmoel, saß dem Prozess vor. Obwohl die Angeklagten nach der Folter ihr Geständnis beim Pastor widerriefen, wurden dennoch 15 zum Tode verurteilt und das Urteil vollstreckt. Um gnädig zu sein, ließ Rantzau die Leibeigenen erst erdrosseln, bevor sie auf dem Scheiterhaufen verbrannt wurden. Der Pastor bewirkte jedoch eine Überprüfung der Prozesse, wobei Verfahrensfehler festgestellt wurden. Rantzau konnte zwar als Gutsherr richten, aber ohne Geständnis und Zeugen war die Hinrichtung rechtswidrig. Rantzau floh und versuchte aus der Ferne, die Regierung zu besänftigen. Ein Freibrief zur Aufhebung der Leibeigenschaft der Bauern sollte dabei helfen, dennoch wurde eine Geldstrafe von 20.000 Talern verhängt. Rantzau musste schließlich seine Güter verkaufen. Der neue Besitzer zog den Freibrief wieder zurück. Erst ab 1795 wurden die Bauern aus der Leibeigenschaft entlassen. Vorne an der B502 (⇔ 1 km) beim Dorf Schmoel wurde ein Gedenkstein – der Schmoeler Hexenstein – zur Erinnerung an die dunkle Geschichte des Gutes errichtet. Kunstvoll verzierte Tonziegel wurden ähnlich wie ein Scheiterhaufen aufgestapelt.

Auf der dem Meer zugewandten Gutsseite lassen Sie sich beim Schlagbaum vor der Kastanienallee vom Schild „Privat" nicht irritieren. Sie dürfen auf dem Weg, der rechts außen um die Gebäude und Silos herumläuft, das Gutsgelände überqueren. Am Knick orientieren Sie sich nach links weiter. Entlang einer Reihe von **Pappeln ❻** (km 10,4) steigen Sie wieder zur Küste hin ab. In manchen Jahren bilden die Rapsfelder ein gelbes Meer. Am Horizont zieht sich das blaue Band der Ostsee entlang. Am Ende des Pappelweges gehen Sie erst nach rechts und dann nach links weiter zum Küstenweg. Nach links sind es 100 m bis zum **Naturschutzgebiet mit Aussicht ❼** (km 12,1). Der landseitige Umgehungsweg windet sich um die Seen herum bis zum **Deich** (km 13,8). Bis **Schönberger Strand** bietet sich zur Abwechslung der breite Asphaltweg am Deichfuß an. Aus Angst vor der Landung von feindlichen Truppen wurde die 260 m langen Seebrücke im Ersten Weltkrieg zerstört. Erst 2011 bekamen die Schönberger eine neue.

i Touristeninformation Schönberg, Käptn's Gang 1, 24217 Schönberger Strand, ☏ 043 44/414 10, info@schoenberg.de, www.schoenberg.de, Ende Okt bis März. Mo bis Fr 9:00 bis 12:00, Mo, Di, Do 13:00 bis 16:00, April bis Okt Mo bis Fr 9:00 bis 12:00 und 13:00 bis 16:00, Juni bis Aug tgl.

✕ zahlreiche Einkehrmöglichkeiten entlang der Promenade in Schönberger Strand, vom Imbiss bis zum Menü

♦ Oma's Kaffeestuuv, Promenade 15, 24217 Schönberger Strand, ☏ 043 44/41 51 04, 💻 www.omas-kaffeestuuv.de, tgl. 12:00 bis 18:00, kein Wickeltisch und Kinderstuhl, schöner Kaffeegarten. Café in einer reetgedeckten Fischerkate aus dem 17. Jh., die von 1860 bis zur Sturmflut 1872 als Fischerkneipe diente. Angeblich wurde Köm in 5-Liter-Krügen ausgeschenkt. Seit 1999 werden im historischen Ambiente leckere selbst gebackene Kuchen, Torten sowie hausgemachte Waffeln, Pfannkuchen und auch kleine deftige Speisen gereicht.

♦ Fischräucherei Ehlers, Promenade 20, 24217 Schönberger Strand, ☏ 043 44/43 76, Fr bis So 11:00 bis 17:00, April bis Sep tgl. 11:00 bis 18:00, Dez/Jan geschlossen, kein Wickeltisch und Kinderstuhl, die besten Fischbrötchen und Fischspezialitäten in großer Auswahl

FUN Seebrücke: Konzerte und Seebrückenfest

♦ Landfrauenmärkte: Landfrauen in traditioneller Tracht verkaufen ihr Selbstgemachtes – Kulinarisches wie Handarbeiten. Typische Spezialitäten: Großer Hans mit Kirschsauce, hausgemachte Bauernmettwurst, Marmeladen und Brotaufstriche, Rezeptbuch ebenso erhältlich. Mitmach-Aktionen und Demonstration von altem Probsteier Handwerk, Termine freitags Mitte Juli und Aug 16:00 bis 18:00

♦ Probstei Museum, Ostseestr. 8, 24217 Schönberg, ☏ 043 44/31 74, info@probstei-museum.de, 💻 www.probstei-museum.de, u.a. Exkursionen zu Fuß und per Rad in der Umgebung

⌘ Museumsbahnen Schönberger Strand, Am Schierbek 1, 24217 Schönberger Strand, ☏ 043 44/23 23 (an Fahrtagen), 💻 www.vvm-museumsbahn.de, Oster- und Pfingstmontag, März bis Okt Mi/Sa Straßenbahnbetrieb, Juni bis Okt So zusätzlich mehrmals am Tag Zugverkehr, Juli/August auch Sa, Sonderfahrten, Fahrzeugschau am alten Bahnhof, Fahrten mit alten Dampf- oder Dieselloks oder dem historischen Schienenbus einfach € 3,8 bis 11, hin und zurück € 6,60 bis 18, Kind halber Preis., Straßenbahnfahrten € 3, Kind € 1, Straßenbahnführerschein

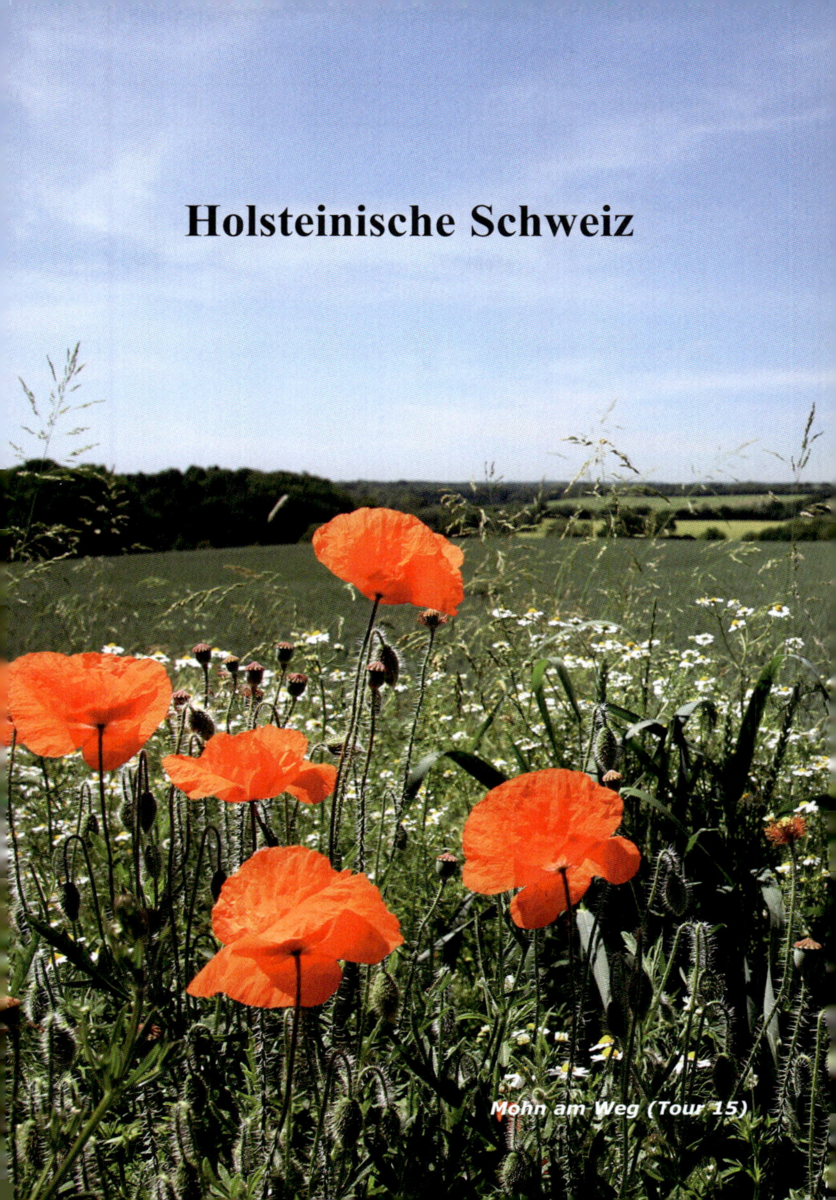

Mohn am Weg (Tour 15)

⑩ Fledermaustour

Tour für Familien und Geologiefreunde

Der See-Rundwanderweg um den Großen Segeberger See bringt Sie auf die Spuren der Fledermäuse und der Erdgeschichte. Gleich zwei Lehrpfade zum Hören, Sehen und Fühlen, das Fledermaus-Zentrum Noctalis, der Kalkberg und die Kalkberghöhlen machen die Tour zu einem außergewöhnlichen Erlebnis.

Start/Ziel: Parkplatz Karl-May-Festspiele, Am Kalkberg, Bad Segeberg, GPS N 53°56.087' E 010°18.948'

9,9 km

2 Std. 30 Min.

241 m/241m

28-85 m

Rundweg Segeberger Seen und Flüsse mit rotem Balken auf weiß, Rundweg Großer Segeberger See mit blauem Balken auf weiß, gelbe Pfeile des Naturparkwanderwegs NPW, sehr gut markiert, Infoschilder Geologischer Lehrpfad

Trotz längerer Asphaltabschnitte im Stadtgebiet und in Stipsdorf bewegen Sie sich hauptsächlich auf sandigen Ufer- und Wiesenwegen fort. Das Gesicht der Tour ist zweigeteilt. Während den Westbereich flache Ufer- und Waldwege durchziehen, entpuppt sich der Ostbereich für schleswig-holsteinische Verhältnisse als recht bergig. Auf seinen Wiesenhängen ergeben sich dafür viele Weitsichten. Als Krönung erwartet Sie auf dem Kalkberg sogar ein klein wenig Kletterei.

viele Sitzbänke, Schutzhütten (km 2,2, km 2,9)

am Start/Ziel und in der Stadt mehrere Einkehrmöglichkeiten, am See (km 1,5, km 2, km 4,8)

WC Start/Ziel, Noctalis (km 0,25), Segeberger Badeanstalt (km 1,3, km 9)

mehrere in der Innenstadt von Segeberg

Kneippanlage (km 1,6), offizielle Badeplätze mit Strand (km 1,3, km 4,7, km 9)

Minigolf, Spielplatz, Bootsverleih, Karl-May-Festspiele, sehr unterhaltsam für Kinder: das Fledermaus-Zentrum Noctalis, Kalkberghöhle, Fledermaus- und Geologielehrpfad, Badestrände, Stadtverkehr

einfach für Buggys, aber Kalkberg nur teilweise und Kalkberghöhle gar nicht machbar, lange Treppe bei Noctalis kann vermieden werden

Hunde an offiziellen Badeplätzen nicht erlaubt, viel Trinkwasser am See, viel Auslauf auf Seerundweg, Kalkberg: Leinenpflicht für Hunde, in Höhlen Hunde nicht gestattet

P Parkplatz beim Start am Kalkberg. Sollte dieser belegt sein, 250 m entfernt beim Haupteingang der Karl-May-Spiele, GPS N 53°56.004' E 010°19.242', mehrere weitere am Bahnhof (15 Min. Gehweg, ☞ 🚆) und unten am See, GPS N 53°56.371' E 010°18.663' oder GPS N 53°56.240' E 010°18.785'

🚆 Bad Segeberg ist gut mit dem Zug erreichbar (vom Bahnhof 15 Min. Gehweg, ausgeschildert schwarzes Kreuz und Noctalis).

🚌 von Kiel Linie 410 Mo bis Sa stdl., So mehrmals tgl., von Lübeck Linie 7650 Mo bis Sa stdl., So mehrmals tgl., (ZOB beim Bahnhof)

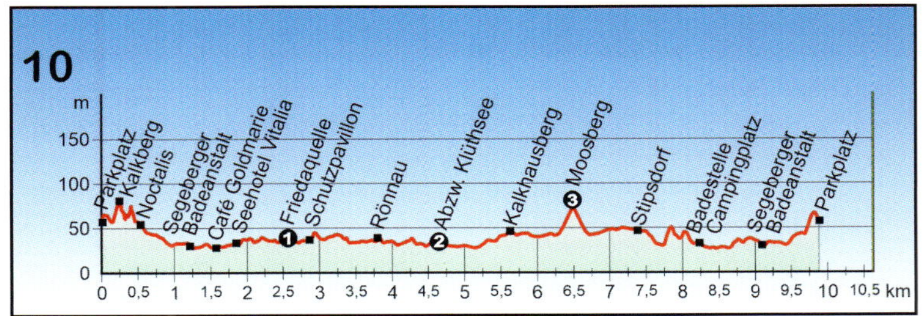

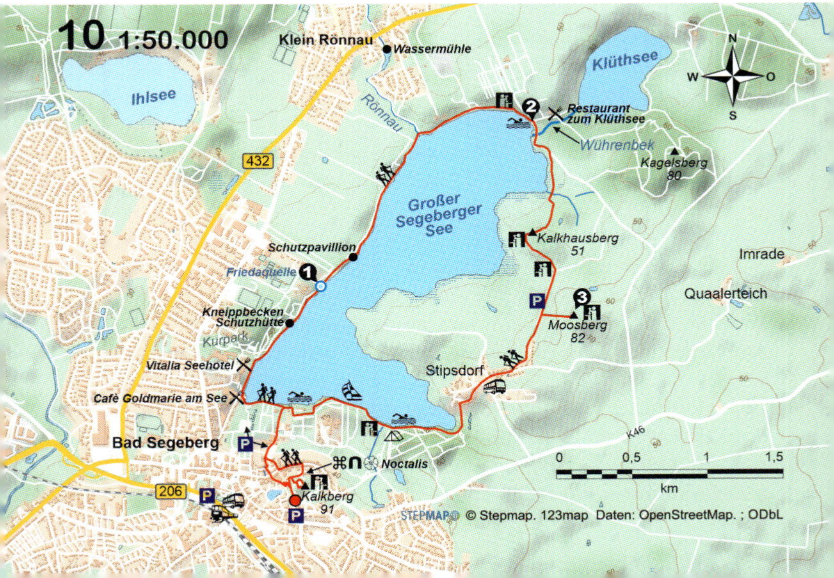

Mitten im Zentrum von **Bad Segeberg** erhebt sich der Kalkberg über den Dächern der Stadt.

Der Kalkberg

Der Name täuscht. Der felsige Berg setzt sich als Gipshut eines Salzstockes in Wirklichkeit aus Gips und Anhydrit zusammen. Diese Anhöhe erwuchs durch den Aufstieg des Salzstockes aus dem tieferen Untergrund und ist damit eine der wenigen nicht von der Eiszeit geformten Landschaftsoberflächen. Ursprünglich war der Berg über 110 m hoch. Im Mittelalter wurde der Gipfel von der Siegesburg eingenommen. Die Burg fiel dem Dreißigjährigen Krieg zum Opfer. Etwa 2/3 des ehemals 20 m höheren Berges wurden durch den Gipsabbau abgetragen. Trotz jahrzehntelanger Bestrebungen wurde der Betrieb des Steinbruches erst 1931 endgültig eingestellt. Der ehemalige Steinbruch stellt heute als beeindruckendes Amphitheater die Arena für die im Sommer alljährlich veranstalteten Karl-May-Festspiele dar.

Im Untergrund des Berges befindet sich ein weitverzweigtes Höhlensystem mit bizarren Felsformationen, das erst 1913 entdeckt wurde. Es entstand, ähnlich wie bei Karsthöhlen, nach Auflösung des Gips/Anhydrites durch fließendes Grundwasser.

An die 22.000 Fledermäuse – allein 8 von den 15 in Schleswig-Holstein vorkommenden Arten – verbringen ihren Winterschlaf hier in den Felsnischen. Es ist damit das größte bekannte natürliche Fledermauswinterquartier Nordeuropas. Eine Besonderheit ist der nur hier lebende Segeberger Höhlenkäfer. Er ernährt sich von den Exkrementen der Fledermäuse und hält so die Höhlen sauber.

Karl-May-Festspiele im Freilichttheater am Kalkberg, ☎ 018 05/95 21 11, www.karl-may-spiele.de, Ende Juni bis Anfang Sep Do, Fr und Sa 15:00 und 20:00, So 15:00

Beim Parkplatz am **Kalkberg** können Sie sich zunächst an der großen Ansichtstafel einen Überblick über die Gegend verschaffen. Auf dem Fußweg entlang der Westseite des bewaldeten Kalkberges (ausgeschildert Noctalis) sind es 250 m bis zum Fledermaus-Zentrum und dem Eingang der Kalkberghöhlen.

Kurz hinter dem Parkplatz zweigt der 700 m lange Geologielehrpfad auf den Kalkberg hinauf ab. Über die befestigten Wege ist die erste Aussichtsplattform auch für Buggys noch zu erreichen, der Gipfelpfad wird für sie durch Stufen und Abschnitte über blanken, unebenen Fels unzugänglich und ist stellenweise zu schmal. Von der Gipfelplattform schweift der Blick über den Steinbruch, die Karl-May-Kulissen und die Dächer von Bad Segeberg zum Großen Segeberger See und weit in das schleswig-holsteinische Hügelland hinein. Bei klarer Luft sollen sogar die Kirchtürme Lübecks am Horizont zu entdecken sein. Über eine Treppe steigen Sie vom Gipfelweg zu einer weiteren Aussichtsplattform hinab. Sie klebt oberhalb des 43 m tiefen Brunnenschachtes der zerstörten Siegesburg am Berg. Vom oberen Rundweg können Sie über eine Treppe zu Noctalis hin abkürzen.

☹ Während der Aufführungen der Karl-May-Festspiele ist der Gipfel meist gesperrt.

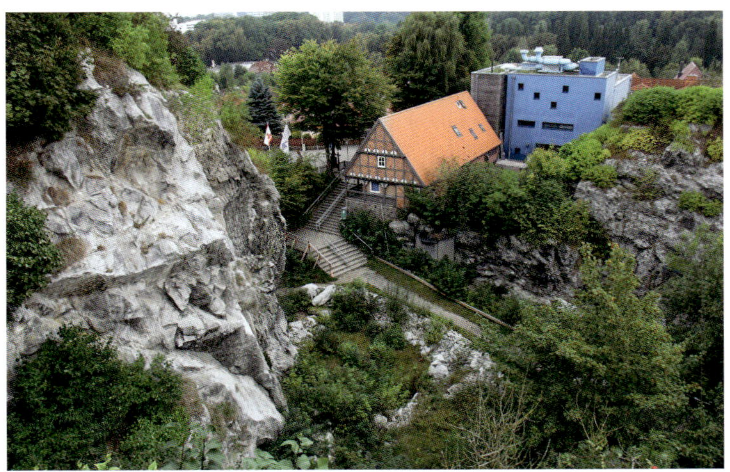

Noctalis – das Fledermauszentrum

Das Fledermaus-Zentrum Noctalis ist eine Erlebnisausstellung über und mit lebenden Fledermäusen mit vielen interaktiven Stationen. Weil Fledermäuse nachtaktive Tiere sind, ist es im Museum öfters düster. Der Besucher gewöhnt sich an die Dunkelheit. Es können auch Taschenlampen gegen Pfand geliehen werden.

⌘ Fledermaus-Zentrum Noctalis, Oberbergstr. 27, 23795 Bad Segeberg, ☏ 045 51/808 20, www.noctalis.de, Okt bis März Di bis So 10:00 bis 16:00, April bis Sept bis 18:00, Weihnachten bis Silvester geschlossen, € 9, Kind € 7, Taschenlampenpfand € 5, WC € 0,50, Führungen Sa/So 13:30

∩ Kalkberghöhlen, nur begleitete Führungen möglich, 1.4. bis 30.9. Zeiten wie Noctalis, dort Tickets erhältlich, feste Schuhe und etwas Warmes zum Überziehen erforderlich (in den Höhlen nur 9 °C), Tipp: in der Feriensaison am besten morgens, € 9, Kind € 7, Tickets über Museum

spezielle Fledermaus-, Geologie- und Höhlenführungen mit Anmeldung, Infos ☞ Noctalis

Bei Noctalis beginnen und enden der Rundweg Großer Segeberger See und der geologische Lehrpfad. Nicht zu übersehen ist der auffälligste Teil des Lehrpfades – das „Geologische Fenster". Es ist eine 34 m lange Reihe aus Drahtkörben, sogenannten Gabionen, die mit örtlichen Gesteinen aufgefüllt worden sind. An dem so gebildeten Profilschnitt lässt sich eine 10 km lange Erdgeschichte des Segeberger Salzstockes und des Kalkberges ablesen. Die blaue Route führt durch die Stadt zum Großen Segeberger See hinunter (km 1,3, Infotafel mit Übersichtskarte). Das Ufer wird von der Segeberger Badeanstalt und den Segel- und Rudervereinen eingenommen.

Mit Buggy können Sie die lange Treppe von Noctalis hinab in die Stadt vermeiden, indem Sie kurz hinter dem Parkplatz (auch ausgeschildert „Stadtmitte") bereits den blauen Markierungen über den Fußweg hinab folgen. Beim Cafè Goldmarie an der Seepromenade treffen die beiden Strecken wieder zusammen. Zurück vom See zum Ziel bietet sich dieser Weg ebenfalls an.

Bootsverleih Seerose, Winklersgang 8, 23795 Bad Segeberg, ☎ 01 71/545 94 24, Mitte April bis Herbstferien ab 12:00, Sommerferien ab 10:00, je Std. Tretboot ab € 8, Ruderboot ab € 10

✕ Bootsverleih Seerose, Getränke und Kleinigkeiten wie Bockwurst

Segeberger Badeanstalt, Winklersgang 8, 23795 Bad Segeberg, ☎ 045 51/908 06 15, wird gerade renoviert, geplante Wiedereröffnung Sommer 2022, WC

Nach links geht's kurz mit rot zur **Seepromenade** (km 1,5) mit Grünanlagen, Kneippbädern, Skulpturen, Wasserspielen und gemütlichen Holzliegenstühlen.

✕ Cafè Goldmarie am See, Große Seestr. 18, 23795 Bad Segeberg, ☎ 045 51/908 44 57, info@goldmarieamsee.de, www.goldmarieamsee.de, außer Mo Sommer tgl. 9:30 bis 18:00, Winter nur bis 17:00

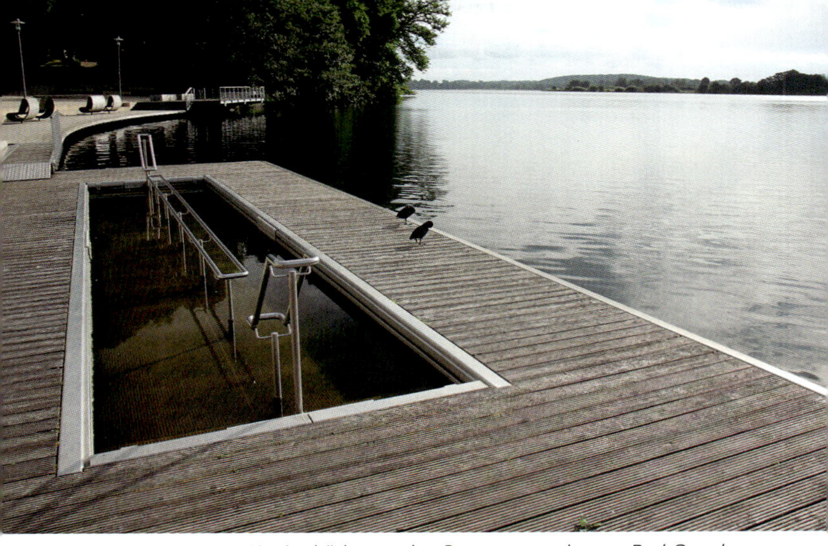

Kneippbäder an der Seepromenade von Bad Segeberg

♦ Vitalia Seehotel, Am Kurpark 3, 23795 Bad Segeberg, ☏ 045 51/802 80, info@vitaliaseehotel.de, www.vitaliaseehotel.de, Mo bis Do 18:00 bis 22:00, Fr 14:00 bis 22:00, Sa/So 12:00 bis 22:00, regionale und saisonale Gerichte, Tipp: im Sommer Barbecue auf der Terrasse, Kinderstuhl und Wickeltisch vorhanden

Ab hier haben ✎ Blau und Rot das Sagen. Am Kurpark vorbei gelangen Sie dann nun nur noch mit ✎ Blau und NPW auf das bewaldete westliche Seeufer: links alter Baum- und Knickbestand, rechts der See, auf dem Haubentaucher, Blesshühner, Stockenten und ein paar Möwen auf Nahrungssuche zu beobachten sind. Im fischreichen Wasser tummeln sich Karpfen, Brassen, Aale, Rotaugen und Barsche. Vorausgesetzt Sie sind Mitglied im Segeberger Anglerverein, dürfen sie herausgefischt werden. Zahlreiche Schautafeln und Mitmach-Stationen zum Hören, Sehen und Fühlen informieren über die Flora und Fauna der Umgebung.

Die 1890 mit Steinen eingefasste ⌘ **Friedaquelle ❶** (km 2,6) verhindert halbwegs, dass das Wasser des oberhalb liegenden Quell- und Sumpfgebietes den Uferweg aufweicht. Der damalige Segeberger Bürgermeister und Bauherr Johannes Kühne benannte die Quelle nach seiner Frau Frieda. Am Nordende des Sees können Sie eine Verschnaufpause am **Badestrand ❷** (km 4,7) einlegen, die

Aussicht genießen oder sich eine Erfrischung im 130 m entfernten Restaurant Klüthsee gönnen. Hier gesellt sich auch wieder der rote Rundweg dazu.

Restaurant zum Klüthsee, Klüthseehof 1, 23795 Klein Rönnau, 045 51/833 23, kluethsee@kluethseecamp.de, www.kluethseehof.de, Mo 12:00 bis 17:00, Do bis So 12:00 bis 20:00, Kinderstuhl und Wickeltisch vorhanden

Nach 300 m auf der Teerstraße (kaum Verkehr) biegen Sie nach rechts auf den Wanderweg am Ostufer des Großen Segeberger Sees ab. Er verläuft zunächst zwischen Feuchtwiesen, auf denen im Frühling mit viel Glück die blauen Kerzen der Knabenkräuter blühen. Diese stehen unter Naturschutz und dürfen nicht gepflückt werden. Ihre Route entfernt sich immer weiter vom Wasser und schwingt sich den 51 m hohen **Kalkhausberg** hinauf, der schöne Ausblicke über den See bietet. Trichterförmige Vertiefungen, sogenannte Dolinen, entstanden in den umliegenden Wiesen und Feldern durch Auflösung von Gipsstein im Untergrund. Sobald Ihr Weg auf eine Asphaltstraße trifft (km 6), wenden Sie sich nach rechts auf den ungeteerten Fußweg am Knick entlang (Markierung fehlt).

Ein kurzer, aber steiler Schlenker (km 6,3, 400 m hin und zurück) auf den 82 m hohen **Moosberg** ❸ entschädigt Sie für die Mühen beim Aufstieg mit einem ausgezeichneten Ausblick über den Großen Segeberger See und zum Kalkberg.

In **Stipsdorf** hilft Ihnen zunächst das Schild „Wanderweg See" weiter. An der Gabelung bei der Bushaltestelle (km 7,4) orientieren Sie sich nach links weiter bergab. Nicht weit entfernt beginnt am Ende der Sackgasse der Seeweg (Infotafel mit Karte). Der schmale Fußweg stürzt sich steil ins Wiesental hinab. Am nahen Waldrand wählen Sie den Weg direkt am Wasser entlang, der an der Segeberger Badeanstalt (km 9,1) Ihre Runde um den Großen Segeberger See abschließt. Sie wandern jetzt jedoch nur mit Blau bis zur ersten Kurve des Winklerganges hoch und kürzen geradeaus über den Fußweg zwischen den Häusern ab. Sie kreuzen die nächste Straße und steigen erneut mit Blau die kleine Seestraße weiter aufwärts, wo Sie den ausgeschilderten Fußweg (einige Stufen) zum Kalkberg und Parkplatz hinaufnehmen.

11 Am Großen Plöner See

Tour für Naturfreunde

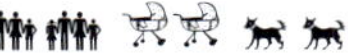

Die hügelige Gegend rund um den Nehmtener Forst liegt etwas abseits von den Touristenzentren in Plön und Malente und ist daher eine der weniger besuchten Ecken der Plöner Seenplatte. So begegnet Ihnen auf den einsamen Feld- und Waldwegen zwischen Großem Plöner See und dem wunderschönen Stocksee kaum jemand. Umso größer sind die Chancen, Wild beim Äsen oder einen Seeadler zu beobachten.

↻ Start/Ziel: Parkplatz beim Feuerwehrhaus in Sepel, Kühlandweg, GPS 54°07.316' E 010°22.444'

16,1 km

4 Std.

↑ ↓ 412 m/412 m

⇧ 20-85 m

verschiedene Rundwege: weißes Quadrat mit roten, gelben, blauen, grünen Querbalken oder schwarzem Kreuz, Radwegschilder, Infotafeln, Orientierung nicht immer einfach

Auf dieser wunderbaren Wald- und Seeuferwanderung bleiben Sie fast ausschließlich auf festen Sand- und Waldwegen. Im Winter finden Sie Schutz vor Wind und Wetter, im Sommer vor der brennenden Sonne und Abkühlung in den Seen. Flache Uferstrecken wechseln sich ab mit hügeligen Waldgebieten. Ein paar Höhenmeter fallen dabei schon an.

ausreichend Sitzbänke, Rastplätze (am Start/Ziel, km 6,2, km 8,2, km 14,9, km 15,6)

nur der Kiosk vom Campingplatz in Godau (km 14), Proviant für unterwegs erforderlich

Badestrand (km 15,4) und Bademöglichkeit (km 11,6) am Großen Plöner See

Spielmöglichkeiten im Wald und an den Seen, kurzes Stück an einer Landstraße ohne Gehweg, im Herbst Brombeeren am Stocksee und in den Knicks

Die Tour ist größtenteils einfach für Buggys. Der 3 km lange Weg am See zwischen Gut Nehmten und Godau ist zwar breit, die Fahrspur stellenweise aber schmal. Ein Ausweichen auf Grasstreifen in der Mitte und am Rand ist möglich. Alternativ den Radweg durch den Wald wählen.

Hunde an Badestrand nicht erlaubt, Trinkwasser an den Seen, Teilstrecken im Naturschutzgebiet, nur wenig Auslauf außerhalb des Waldes möglich

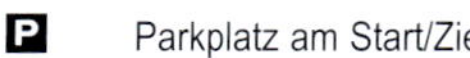
Parkplatz am Start/Ziel

Von Plön aus verkehrt die Linie 362 an Schultagen nach Sepel. Leider fährt der Bus morgens nach Plön und mittags zurück. Dersau dagegen wird Mo bis Sa mehrmals tgl. angefahren. Ein sehr schöner, 2,7 km langer Wanderweg entlang des Großen Plöner Sees verbindet die beiden Orte.

Am kleinen roten Feuerwehrhäuschen – ein Feuerwehrhelm dient als Lampenschirm – befindet sich der P **Wanderparkplatz** mit Rastplatz. Ein paar Schritte zurück zur Ortsmitte knickt die Kühlandstraße nach links ab. Ein Wegweiser verweist auf die diversen Rundwege. Sie können sich auch erst einmal geradeaus um die Ecke beim Buswendeplatz an der großen Schautafel mit Karte einen Überblick verschaffen. Sie müssen jedoch hier abbiegen und der grünen und gelben Markierung Richtung Gut Nehmten und Godau über den Nehmtener Forst folgen. Die Häuser fallen bald zurück und die typische holsteinische Knicklandschaft umfasst Sie.

Beim zweiten Wegweiser (km 0,5) am Waldrand verabschieden sich Gelb und Grün und das schwarze Kreuz des Verbindungsweges übernimmt geradeaus nach Gut Nehmten in den **Nehmtener Forst** hinein die Führung. Die Zeichen sind manchmal nicht leicht zu entdecken und öfter erst an einem Baum etwas hinter der Verzweigung angebracht. Dunkler Nadelwald wechselt sich in dem leicht hügeligen Gelände mit lichtem Buchenwald ab. Vom letzten Sturm kann auch noch ein Baum quer über dem Forstweg liegen, über den Sie dann hinüberklettern müssten. Außer hin und wieder etwas Vogelgezwitscher und dem Rauschen der Baumkronen im Wind herrscht Stille. Zum Gutsbesitz gehört ein großes Wildgehege im Wald, in dem Dam- und Schwarzwild gehalten wird. Ein weiteres Waldareal ist zum Schutz der Seeadler Sperrgebiet. So winden sich alle Rundwege um den Nehmtener Forst herum. Dieser Verbindungsweg ist der einzige, der mitten hindurch führt.

Eine originelle Sitzgelegenheit springt rechter Hand im Buchenwald ins Auge (km 1,9). Aus einem alten **Baumstumpf ❶** wurde kunstvoll ein Stuhl geschnitzt. Nicht weit entfernt ist keine Markierung zu entdecken. Halten Sie sich an der Gabelung links. Schließlich stößt der Verbindungsweg im Wald wieder auf die Rundwege (km 3,1). Mit Grün geht es weiter Richtung Gut Nehmten. Am Südende des Forstes (km 4,6) marschieren Sie nun mit Blau und Rot nach rechts durch einen beeindruckenden Redder mit knorrigen alten Bäumen abwärts. Im Frühjahr schenken ihm die üppig blühenden Wildkirschen ein strahlend weißes Kleid. Unten in der Siedlung **Im Sande ❷** (km 5,3) steht eines der schönsten alten Fachwerk-Reetdachhäuser, weiß gekalkt und durch Geweihe geschmückt.

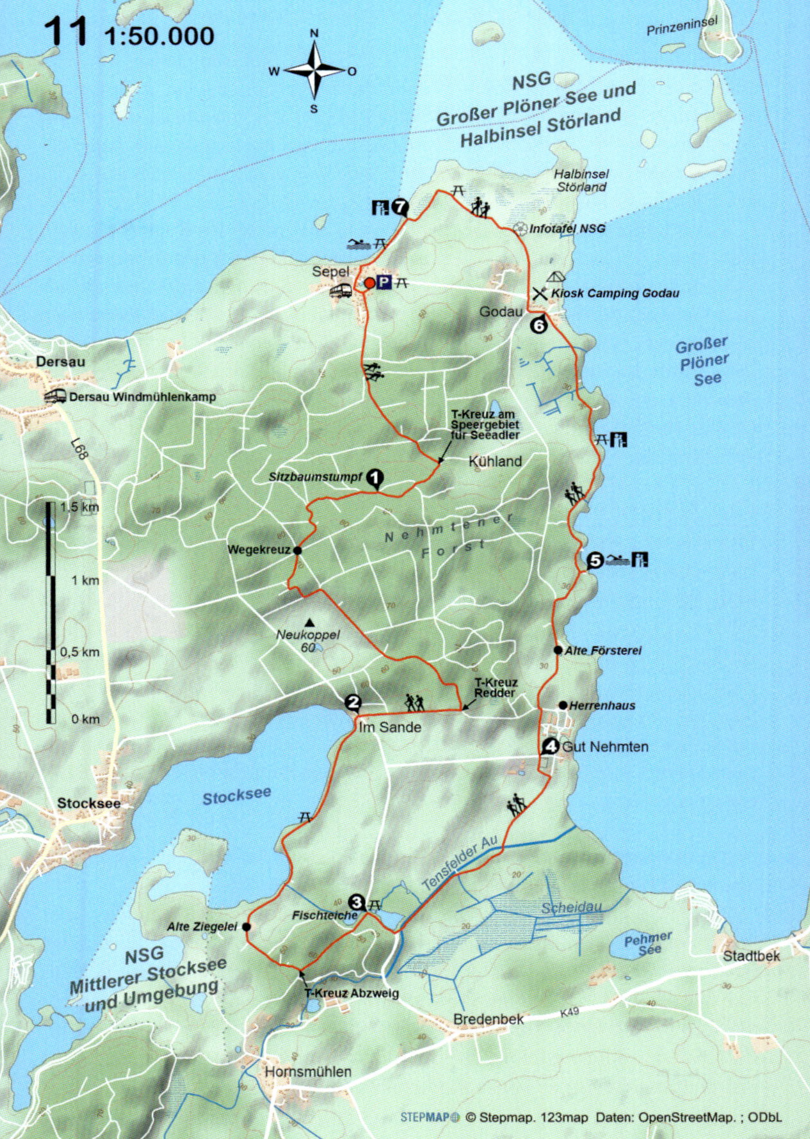
11 1:50.000
N
W
O
S
NSG
Großer Plöner See und
Halbinsel Störland
Prinzeninsel
Halbinsel
Störland
Infotafel NSG
Sepel
Kiosk Camping Godau
Godau
Großer
Plöner
See
Dersau
Dersau Windmühlenkamp
L68
T-Kreuz am
Speergebiet
für Seeadler
Kühland
Sitzbaumstumpf
1,5 km
Nehmtener
Forst
Wegekreuz
1 km
Neukoppel
60
0,5 km
Alte Försterei
T-Kreuz
Redder
Herrenhaus
0 km
Im Sande
Gut Nehmten
Stocksee
Stocksee
Tensfelder Au
Scheidau
Fischteiche
Alte Ziegelei
Pehmer
See
Stadtbek
NSG
Mittlerer Stocksee
und Umgebung
T-Kreuz Abzweig
Bredenbek
K49
Hornsmühlen
STEPMAP © Stepmap. 123map Daten: OpenStreetMap. ; ODbL

Sie kreuzen die Straße und setzen den Weg am **Stocksee** entlang fort. Der malerische See steht teilweise unter Naturschutz und hat sich seine Ursprünglichkeit bewahrt. Herrlicher Buchenwald säumt das Ufer, das im Frühjahr von prachtvollen grün-weißen Teppichen aus Buschwindröschen überzogen wird. Nahe der alten **Ziegelei** (km 7,1) wendet sich der Wanderweg vom Stocksee ab und steigt in ein kleines Gehölz hinauf.

Am T-Kreuz im Wald (km 7,6) schlagen ✎ die markierten Routen den Weg nach rechts ein. Sie gehen jedoch nach links weiter. Stets geradeaus kommen Sie unten an der Landstraße zu den **Fischteichen** ❸ (km 8,2). Die 200 m nach rechts (kein Gehweg) sind schnell überwunden. Dann führt Sie die ✎ rote Route nach links aus dem Wald heraus und nimmt Sie zum **Gut Nehmten** ❹ (km 10,1) mit. Der Zutritt ist nicht gestattet. Dennoch sind rechter Hand einige reizvolle Ansichten auf das Gutsgelände mit Gutshof, schönen Alleen, Parkanlagen, Gestüt, Herrenhaus und Pferdekoppeln zu erhaschen, während Sie Ihren Weg geradeaus mit ✎ Grün fortsetzen.

Gut Nehmten

Erstmalig ist Nehmten 1244 in den Urkunden vermerkt worden. Im Laufe der Jahrhunderte gaben sich viele Besitzer die Klinke in die Hand. Eine bemerkenswerte Bewohnerin war Aurora Gräfin Königsmarck, die als Mätresse Augusts des Starken in Europa von sich reden machte. Um 1712 konnte das schlossartige, spätklassizistische Herrenhaus bezogen werden. Der strahlend weiße Prachtbau verfügt über den Großen Plöner See über direkten Sichtkontakt mit dem Plöner Schloss. Das Gebäude ist momentan vermietet. Die jetzigen Eigentümer, die Familie der Freiherrn von Fürstenberg, wohnen im Gutshof. Gut Nehmten hat sich einen Namen in der Pferdezucht erworben. Auf den Koppeln rund um das Gestüt grasen edle Pferde.

Ein wunderbares Fotomotiv liefert die **alte Försterei** (km 11). Das von Blumen umrankte Reetdachhaus schmiegt sich in eine Bucht am Plöner See.

Nach 350 m zweigt nach rechts der Uferweg (keine grüne Markierung, aber Schild Privatweg, Benutzung nicht verboten) vom Rad- und Reitweg zum **Großen Plöner See** ❺ ab. Er ist mit einer Fläche von an die 30 km² und einer Tiefe bis zu 56 m der größte und tiefste See Schleswig-Holsteins und einer der zehn größten Seen Deutschlands. Die Uferstrecke ist eine der schönsten der Region. Kleine Buchten, grandiose Weitblicke über die Wasserfront und bizarr verästelte Eichen und Buchen lassen einen immer wieder innehalten.

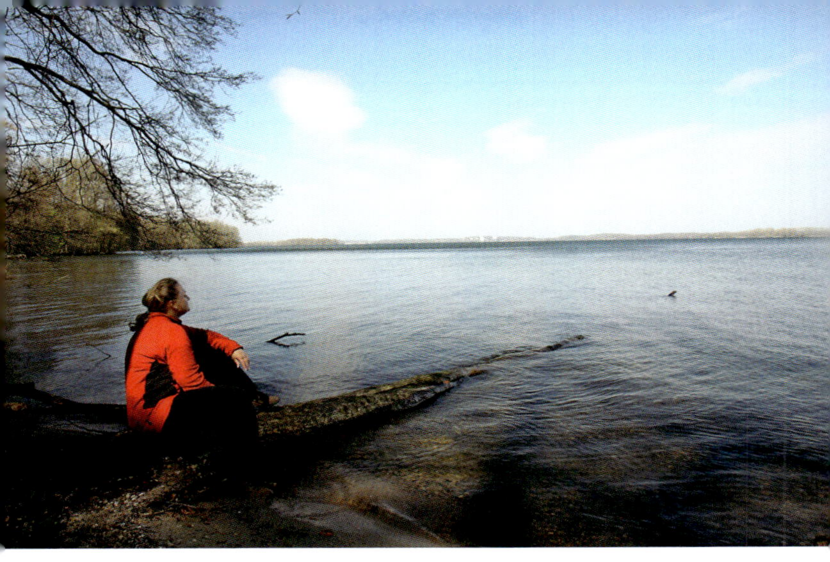

Am Großen Plöner See

Im kleinen Dörfchen **Godau ❻** (km 13,9) wählen Sie den längeren Weg von 2,1 km (grün) nach Sepel.

✕ Kiosk Camping Godau, Störlandweg 1, 24326 Godau-Nehmten, ☏ 01 52/22 97 27 45, 1.4. bis 23.10, nur Getränke und Süßigkeiten

Zunächst wandern Sie wieder im leichten Auf und Ab durch Knicklandschaft. Doch am nördlichsten Landzipfel tritt der Große Plöner See wieder in den Vordergrund. Sie befinden sich im Naturschutzgebiet **„Großer Plöner See und Halbinsel Störland"**. Es ist vor allem ein wichtiger Lebensraum für Wasservögel. Mit eindrucksvollen Ausblicken über das Gewässer laufen Sie am Strand **❼**, Aussichtspunkt „Wilde Weide" und Picknickplatz vorbei wieder nach **Sepel** (km 15,6) hinein.

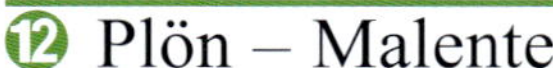

⑫ Plön – Malente

Tour für Naturbegeisterte und Genießer

Die Tour quer durch die Buchenwälder der Plöner Seenplatte ist ideal für heiße Sommertage oder prächtige Herbststimmungen. Während die Sonne von oben brennt, herrscht unter dem Blätterdach kühler Schatten. Testen Sie die belebende Wirkung eines der Kneippbäder. Sobald sich das Laub verfärbt, verwandelt sich die Landschaft in ein Kaleidoskop von Gelb- und Rottönen. An spannenden Führungen können Sie in Plön und Malente teilnehmen. Gehen Sie doch mal auf Otter-Tour!

→ Start: Bahnhof/ZOB Plön, Bahnhofstraße, GPS N 54°09.579' E 010°25.341';
Ziel: Bahnhof Bad Malente-Gremsmühlen, GPS N 54°10.055' E 010°33.032'

11,9 km

3 Std.

↑↓ 240 m/233 m

⇧ 20-58 m

Fernwanderweg E1/E6: weißes Kreuz, das Blaugrün des Holsteinischen Schweizweges, Radwegschilder, Infotafeln

Auf der reizvollen Waldwanderung zwischen den Städten Plön und Malente fallen die kürzeren Abschnitte auf Asphalt in den Ortschaften kaum ins Gewicht. Die Seeuferwege streifen an den Moränen eher entlang. Daher summieren sich die Höhenmeter nur unwesentlich.

viele Sitzbänke, Rastplätze am Langensee (km 6,2, km 6,3), überdachte Rastplätze Umgebung Niederkleveez (km 6,8, km 8) in Bad Malente im Kurpark beim Ziel

WC in der Touristeninformation am Bahnhof Plön, Fegetasche (km 2,1, und 2,4), in Bad Malente am Bahnhof und auf dem Weg zur Tews Kate nach 200 m

zahlreiche Einkehrmöglichkeiten in Plön, Fegetasche (km 2,5), B76 (km 3) und in Bad Malente, Tipp: Fährhaus Niederkleveez (km 7,2) in traumhafter Lage am Dieksee

zahlreiche Läden in der Plöner Innenstadt und Bad Malente, im Frühsommer Erdbeerverkauf beim Lake House Plön (km 2,6)

Badestrand (km 2,1), Bademöglichkeiten (km 4,3, km 5,7, km 7,4), Kneippanlagen (km 10,5 und in Bad Malente), Freibad 780 m vom Schiffsanleger in Bad Malente am Dieksee

viele Spielmöglichkeiten an den Seen, Minigolf, Waldspielplatz, Kneippkuranlage zum Planschen, Schwimmen im See, 400 m entlang der stark befahrenen B76 (Gehweg), Spielplatz im Kurpark nahe Tews Kate, Wildpark in Bad Malente am Dieksee einfach für Buggys

Hunde an Badestrand in Fegetasche nicht erlaubt, viel Trinkwasser an den Seen, kleines Naturschutzgebiet, Auslauf auf den Wegen vor und nach Niederkleveez auf 1,5 km, auf der ganzen Strecke viel Radverkehr besonders am Wochenende

gebührenpflichtiger Parkplatz am Bahnhof, gebührenfreies Parken in der Eutinerstraße, 300 m zu Fuß vom Bahnhof, GPS N 54°09.589' E 010°25.591'; alternativ die Tour in Bad Malente starten, Parkplatz 500 m vom Bahnhof, Sebastian-Kneipp-Straße, GPS N 54°10.267' E 010°32.972'

hält auch in Bad Malente ☞ Tour 14

Tipp für eine kleine Kreuzfahrt: alternativ in Fegetasche (☞ Tour 13) starten und mit dem Boot zurück, Malente-Gremsmühlen-Plön/Fegetasche, Mitte April bis Ende Okt mehrmals tgl., Hochsaison 1.5. bis 3.10. 10:00 bis 17:00 stdl., je nach Strecke € 6-13, Kind 4 bis 15 J. € 3-6,50, Hund € 2-3, kein Radtransport, 5-Seen-Fahrt, Bahnhofstr. 5, 23714 Bad Malente, ☏ 045 23/22 01, www.5-seen-fahrt.de

♦ Mit Umsteigen in Fegetasche ist die ganze Rücktour per Schiff möglich bzw. erweiterbar zur Großen Plöner See-Rundfahrt, Fegetasche-Plön, Infos ☞ Tour 13

Die Tour startet bei der Touristeninformation im Bahnhof vom Plön.

Tourismuszentrale Holsteinische Schweiz, Touristinfo Großer Plöner See, Bahnhofstraße 5, 24306 Plön, ☏ 045 22/509 50, touristinfo@ploen.de, www.holsteinischeschweiz.de, Okt bis April Mo bis Fr 9:00 bis 17:00, Mai bis Sep Mo bis Fr 8:00 bis 18:00, Sa 10:00 bis 14:00, Juni bis Aug zusätzlich So 10:00 bis 14:00

WC in der Touristeninformation, Öffnungszeiten beachten

größere Auswahl an Imbissen und Restaurants in der Innenstadt und am Seeufer

⌘ Neben den klassischen Stadtführungen kann Plön und Umgebung auch aktiv mit Kanu, Rad oder zu Fuß auf interessante Naturführungen erkundet werden. Z. B. mit dem Otter zum Picknick oder mit dem Jäger auf die Pirsch. Wie wäre es dazu mit einer Fackelwanderung oder Geocaching? Es werden auch speziell Führungen für Kinder angeboten. Infos ☞ Touristeninformation Plön

Vorm **Bahnhof** drehen Sie dem Schloss den Rücken zu. Die Markierungen leiten Sie durch die Bahnunterführung, am **Schiffsanleger** vorbei und durch die Eutiner Straße. Kurz vor Ende geht es nach rechts durch ein ruhiges, hübsches Wohnviertel zum bewaldeten Ufer des **Großen Plöner Sees** (km 1,2).

An dieser Stelle ist der See so flach, dass Sie bequem zur nahe gelegenen Insel Olsborg waten können. Auf ihr hat einst eine slawische Burg gestanden.

Gefahr aus der Tiefe

In den Wirren der letzten Tage des Zweiten Weltkrieges wurden die Waffen aus Angst vor den Briten häufig einfach im Großen Plöner See entsorgt. Hier bei der Insel Olsborg soll die Führung der nahe gelegenen Marineunteroffiziersschule bei Fegetasche die gesamte Ausrüstung und Munition aus der Waffenkammer im See versenkt haben. Soldaten, die am Plöner Bahnhof eintrafen, warfen ihr Kriegsgerät und erbeutete Trophäen wie Ziersäbel aus Adelsbesitz gleich dort ins Wasser. In den 50er- und 60er-Jahren wurde mit dem gefährlichen Wehrmachtsgut auf dem Seegrund schwunghafter Handel getrieben. Was nicht gebraucht wurde, blieb im flachen Wasser liegen. Zwar haben Taucher des Munitionsräumdienstes die bekannten Seebereiche abgesucht, dennoch dürfte das eine oder andere Kriegsdelikt noch in der Tiefe schlummern. Vorsicht ist deshalb beim Sammeln von Strandgut geboten (☞ Tour 9).

Der Uferweg bietet bis **Fegetasche ❶** (km 2,1, ☞ Tour 13) weite Aussichten über die Wasserfläche. Vom Steg mit Aussichtsplattform und Sitzbank lässt sich die schöne Bucht von der Wasserperspektive betrachten. Am anderen Ende des Strandes (km 2,4) befindet sich der Fähranleger für die Großen Plöner See-Rundfahrten. Der Seeweg endet hier. Das anschließende Ufergelände ist von der Marineunteroffiziersschule belegt. Oben kurz vor der B76 biegt der Fernwanderweg zur Schwentine hin ab und kreuzt die viel befahrene Straße durch die sichere Unterführung. Gleich links ist die Treppe zur B76 hoch (ausgeschildert 5-Seen-Fahrt).

Buggyschieber nehmen nicht die Unterführung, sondern kreuzen die B76 später beim Haupteingang des Marinegeländes an der Ampel.

Stadtauswärts passieren Sie das Lake House Plön (☞ Tour 13) mit dem Fähranleger der 5-Seen-Fahrt (km 2,7). Der ehemalige Name *Fegetasche* beruht auf einer amüsanten Geschichte. Seit dem 13. Jh. bis 1838 stand an dieser Stelle ein Zollposten, wobei die Zöllner, wie die Leute meinten, die „Taschen fegten". Das historische Backsteingebäude mit seinen filigranen Gauben blieb weitgehend erhalten.

Nach 400 m zeigen Ihnen die Markierungen an der Ampel gegenüber dem asiatischen Restaurant Kim Son (☞ Tour 13) den Weg nach links in das Wohn-

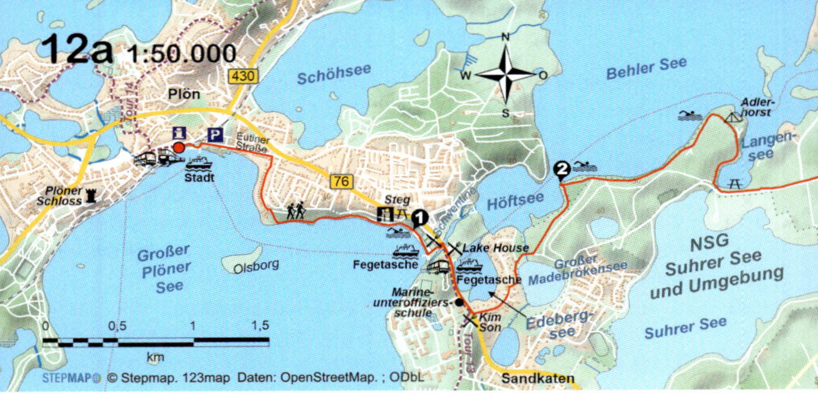

viertel. Doch bald schon bleibt die Zivilisation im **Naturschutzgebiet „Suhrer See und Umgebung"** hinter Ihnen zurück. Wer seine Augen offen hält, kann Ringelnattern bei ihrer Jagd direkt an der Wasserkante entdecken.

Ringelnattern

Obwohl die Tiere auf der Roten Liste als stark gefährdet eingestuft werden, scheinen sie sich im Raum Plön äußerst wohl zu fühlen und werden von den Schlangenarten am häufigsten hier gesichtet. Kennzeichen sind die silbergraue Färbung und cremefarbene, halbmondförmige Flecken beidseitig hinter dem Kopf. Sie werden 70 bis 100 cm lang und halten sich bevorzugt am Wasser und ebenso in Ortsrandlagen auf, da sie hier mehr Beute fangen können. Die Schlangen legen ihre Eier zum Erstaunen der Gartenbesitzer auch gerne mal in Komposthaufen.

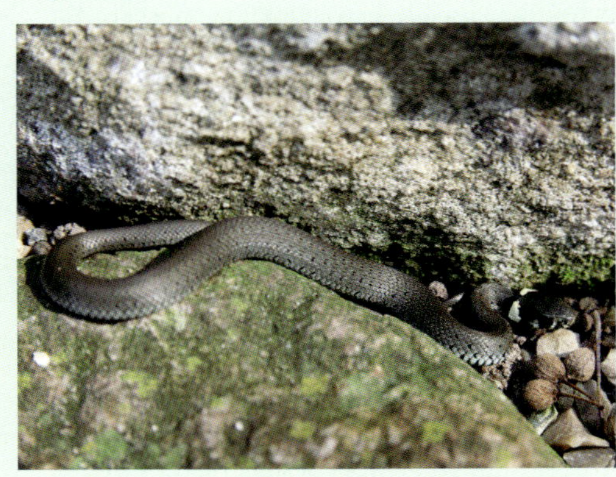

Ringelnattern fühlen sich am Plöner See wohl

Es geht am **Höftsee ❷** und **Behler See** durch lichten Wald. Sanfte Hügelwellen bestimmen dann den asphaltierten Weg über Felder nach **Niederkleveez ❸** (km 7,1) hinein.

Fährhaus Niederkleveez, Am Dieksee 6, 24306 Bösdorf, ☏ 045 23/984 89 89, info@faehrhaus-dieksee.com, www.faehrhaus-dieksee.com, tgl. 12:30 bis 14:30 und ab 17:00 (Küche bis 20:00), Wochenende durchgehend geöffnet, , , nasse Hunde bekommen ein Handtuch, Kinderstuhl und Wickeltisch vorhanden

beim Schiffsanleger

Diekseefischerei Schmidt, Am Dieksee 4, 24306 Niederkleveez, ☏ 045 23/33 94, Aal, große und kleine Maräne, Frischfisch nach Fanglage, Spezialität Räucherfisch, Mitte Mai bis Okt 9:00 bis 16:00, Sa 10:00 bis 12:00, sonst nach telefonischer Absprache

Schiffsanleger Niederkleveez beim Fährhaus

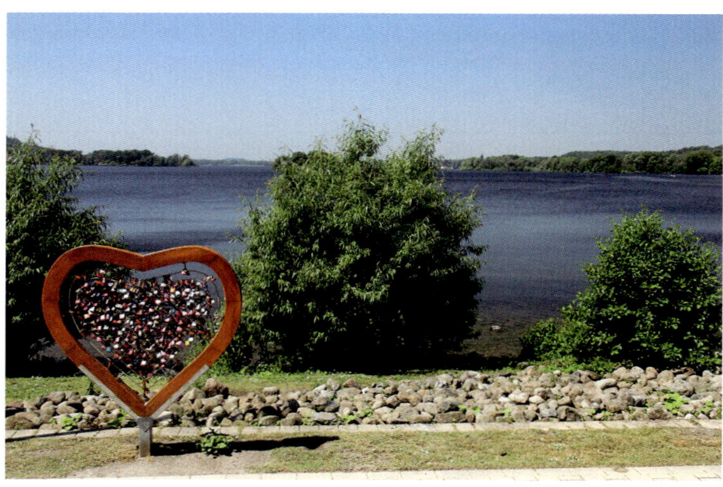

Die Kurpromenade in Bad Malente bereichern Kunstwerke zu Wasser und zu Land, die hier Liebende für sich entdeckten

Von Niederkleveez wandern Sie in die Holmwälder am **Dieksee ❹**. Am Waldspielplatz (km 10,2) trennt sich der Uferweg vom breiten Hauptweg. An der steilen Uferböschung entlang gelangen Sie wenig später zur Kneippanlage und zu den **Spiegelteichen ❺**.

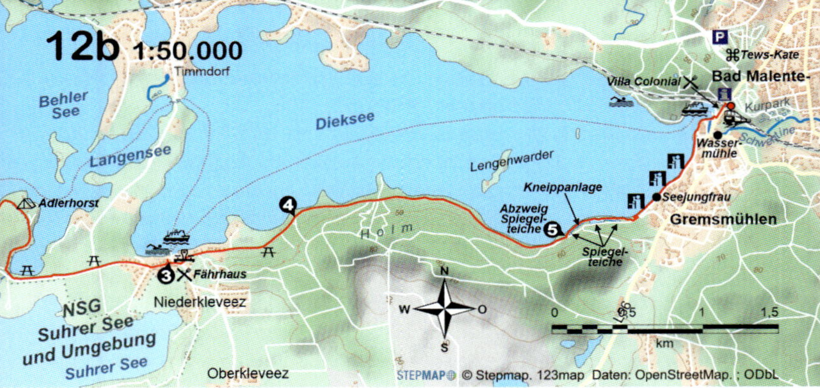

Die Spiegelteiche

1869 ließ der damalige Oldenburger Großherzog Nicolaus Friedrich Peter im quellreichen Seeufer eine Fischzucht anlegen. Es entstanden drei Teiche, die durch Gräben verbunden wurden. Die Fischzucht erwies sich als wenig erfolgreich. Dafür entwickelte sich die reizvolle Anlage zu einer Attraktion bei den Kurgästen. Weil sich in dem glasklaren Wasser die Umgebung fantastisch spiegelte, ergab sich der Name Spiegelteiche. 1955, als Bad Malente Kneippheilbad wurde, übernahm die Stadt die ungenutzte Anlage und richtete in dem stets kühlen Quellwasser Kneippbäder mit Tret- und Armbecken ein.

Kneippen, Mai bis Okt. In Malente können Sie noch in zwei weiteren Kneipp-Anlagen Ihre Abwehrkräfte stärken – im Kurpark und an der „Quelle der gebrochenen Herzen" am Wildgehege. Es werden auch Kneipp-Führungen angeboten, 13.5.bis 30.9. freitags alle zwei Wochen 16:00, € 6, Infos: Tourist-Information.

Hinter dem letzten Teich vereinen sich die beiden Wege bis **Bad Malente** (km 11) wieder. Auf der aussichtsreichen Diekseepromenade spazieren Sie in den Ort hinein. Vom Schiffsanleger sind es dann noch 100 m bis zum Bahnhof oben im Städtchen.

Tourist-Information Bad Malente, Bahnhofstr. 3, 23714 Bad Malente, 045 23/984 27 30, info@tourismus-malente.de, www.bad-malente.de, Mo bis Fr 9:00 bis 17:00 mittwochs jedoch nur bis 13:00, Mai bis Aug zusätzlich Sa/So 10:00 bis 14:00, ab Sep So geschlossen

✕ zahlreiche Einkehrmöglichkeiten, Tipp beim Schiffsanleger: Villa Colonial, Hindenburgallee 2, 23714 Bad Malente, ☏ 045 23/20 78 15,
www.villa-colonial-malente.de, Di bis Sa 12:00 bis 22:00, So 12:00 bis 20:00, gemütliches Restaurant/Café mit schöner Aussicht und Terrassen auf den Dieksee, für Tortenfans große Auswahl in der hauseigenen Konditorei, in der angegliederten Bootsvilla unten am Wasser Bootsvermietung und Pommesbude, Mai bis Sep bei schönem Wetter tgl. 11:00 bis 18:00

zahlreiche Läden, Tipp: Schlachterei und Schinkenräucherei Petersen, in einem typischen Holsteiner Bauernhaus, Bahnhofstr. 23, 23714 Malente, ☏ 045 23/22 96,
www.schlachterei-petersen.de, Di bis Sa 7:30 bis 18:00, 350 m vom Bahnhof Richtung Innenstadt, hausgemachte Fleisch- und Wurstwaren wie Holsteiner Katenrauchschinken oder Sülze

WC am Bahnhof und 200 m Richtung Zentrum

⌘ Arboretum Malente, Sebastian-Kneipp-Straße, ganzjährig frei zugänglich, 120 verschiedene Baumarten aus aller Welt

♦ Die Wassermühle Gremsmühle ist Namensgeberin und Wahrzeichen der Stadt Bad Malente-Gremsmühlen. Sie wurde 1280 am Fluss Gremsau, heute Schwentine, erbaut. 200 m vom Bahnhof stadtauswärts

♦ Der Kurpark Malente gehört zu den schönsten Parkanlagen Deutschlands, Führungen April bis Okt einmal im Monat So 11:00, Informationen bei der Touristeninformation Bad Malente

Tews-Kate

Das eingeschossige Fachwerkhaus mit Reetdach ist die älteste Räucherkate Ostholsteins. Sie stammt schätzungsweise aus dem Jahre 1634. Für den Namen stand die Familie Tews Pate, die die Kate als Letztes bis 1967 bewohnte. Ein Teil der geräucherten Fleischwaren wurde verkauft, um die Haushaltskasse aufzubessern. Später brachte eine Webstube einen zusätzlichen Nebenverdienst. Heute wird die Tews-Kate als Heimatmuseum genutzt, in dem altes Mobiliar sowie haus- und landwirtschaftliche Geräte gezeigt werden, z. B. der älteste Schnellkochtopf der Welt. Das Museum wird ehrenamtlich betrieben. Fragen Sie nach, es wird gerne etwas zu der Ausstellung erzählt.

⌘ Tews-Kate, Heimatmuseum, Sebastian-Kneipp-Str., 23714 Bad Malente,
www.heimatverein-malente.de, Ostern bis Okt Fr bis So 14:00 bis 17:00, Eintritt frei, Spende willkommen, 400 m vom Bahnhof

⑬ Fegetasche – Bosau

Tour für Familien, Kulturfreunde und Genießer

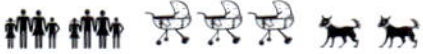

Die Tour nach Bosau auf einer Landzunge am Ostufer des Großen Plöner Sees entwickelte sich zu einem Klassiker in der Holsteinischen Schweiz. Sie verläuft mitten im Herzen der Seenplatte. Da liegt es nahe, die Wanderung mit einer Schiffstour zu verbinden. Ob zu Wasser oder zu Land – die Seen-, Wiesen- und Waldlandschaft zieht Sie in ihren Bann.

→ Start: Parkplatz Fegetasche, B76 am östlichen Stadtrand von Plön, GPS N 54°09.231' E 010°26.939';
Ziel: Fähranleger Bosau, Gerolddamm 2, Bosau, GPS N 54°06.417' E 010°25.779'

7,5 km

2 Std.

↑↓ 178 m / 178 m

⇧ 20-48 m

Radwegschilder, Pilgerweg/Mönchsweg: gelbes Strahlenbündel auf blauem Grund

Die kleinen Anhöhen auf den langgezogenen Halbinseln zwischen dem Großen Plöner See und dem Vierer See sind kaum zu spüren. Nur zu Anfang im Plöner Stadtgebiet verläuft die Strecke auf 2 km und in Bosau die letzten 600 m auf Asphalt.

Sitzbänke und Rastplatz (km 5,5 und 6,5)

mehrere Einkehrmöglichkeiten am Anfang und Ende der Tour; Tipp in Fegetasche: Strandimbiss Fegetasche, eine Familie setzt auf Fritten und saisonale Angebote; Tipp in Bosau: Brooks Café, hübsch eingerichtetes Café mit originellem Garten

WC beim Schiffsanleger in Fegetasche

Bademöglichkeiten am Großen Plöner See (km 4,1, km 4,6) und Badestrand in Fegetasche und Bosau

Minigolf, Spielen und Baden an den Seen, Spielplatz in Bosau am Strand, Bootsfahrt, erste 2 km Straßenverkehr

einfach für Buggys

viel Trinkwasser an den Seen, viel Auslauf auf den Feldwegen, Hunde am Badestrand in Fegetasche und Bosau nicht erlaubt, viele Radfahrer

P Parkplatz am Start, alternativ: Start in Bosau, Wanderparkplatz am nördlichen Ortseingang, Plöner Straße, GPS N 54°06.601' E 010°26.033'

vom Plöner Bahnhof auch zu Fuß nach Fegetasche, ☞ Tour 12

 von Plön ZOB/Bahnhof nach Fegetasche Linie 331 Mo-Sa im 30- oder 60-Minuten-Takt, So ab mittags zweimal stdl., ab 10:20 Anrufliniendienst ATL 353 alle 2 Std. ☎ 045 22/88 88, zurück zum Start (falls kein Schiffsverkehr) Mo bis Fr mit Buslinie 5516 stdl. nach Eutin, dort Regionalzug Richtung Kiel nach Plön, Sa/So ATL 5516 alle 2 Std. ☎ 045 61/51 11 11 o. www.dbregiobus-nord.de/ALFA

 Fegetasche-Bosau, Mai bis 3.Okt Mi bis So fünfmal tgl., komplette Runde über den Plöner See € 13, Kind € 7, Rad € 2,50, Hund € 2,50, Anhänger € 2,50; Teilstrecken € 4,50-11, Kind € 2,50-6,50, Hund € 1,50, Infos: Plöner Motorschifffahrt GmbH, Fegetasche, Strand 1, 24306 Plön, ☎ 045 22/67 66, kontakt@grosseploenersee-rundfahrt.de, www.grosseploenersee-rundfahrt.de

Am P Parkplatz in **Fegetasche** befindet sich der neueröffnete Strandimbiss der kinderfreundlichen Familie Diekneite. Nahebei teilen sich Schiffsanleger, Minigolf und Badestrand das Ufer am Großen Plöner See. Auf der anderen Straßenseite schräg gegenüber besitzt das Lake House (☞ Tour 12) auf der Landzunge zwischen dem Fluss **Schwentine** und dem kleinen Edebergsee ein idyllisches Plätzchen mit Aussichtsterrasse.

✕ Strandimbiss an der Fegetasche, An der Fegetasche, 24306 Plön, ☎ 045 22/746 39 39, Winter Fr bis So 12:00 bis 18:00, März Betriebsferien, sonst Di bis So tgl. 11:00 bis 19:00, ab 1.6. offen bis 21:00, kein Kinderstuhl und Wickeltisch, mit wechselnden Angeboten der Saison

♦ Cafè Fegetasche im Lake House Plön, Fegetasche 1, 24306 Plön, ☎ 045 22/802 97 93, info@lake-house-ploen.de, www.lake-house-ploen.de, Mo bis So außer Do 12:00 bis 20:00, Wickeltisch und Kinderstuhl vorhanden

Stadtauswärts kommen Sie entlang der stark befahrenen B76 zur Zufahrtsstraße (kein Gehweg, km 0,5) zum Gut Ruhleben.

✕ Kim Son Plön, Missionsweg 1, 24306 Plön, ☎ 045 22/744 78 86, kimsoenploen@gmail.com, Di bis So 11:30 bis 15:00 u. 17:30 bis 22:00, Asiatische Spezialitäten, Wickeltisch und Kinderstuhl vorhanden

Am Waldrand entlang wird es immer ruhiger. Vorm Jil-Sander-Besitz **Gut Ruhleben** ❶ (km 2) setzt sich der Wander- und Radweg in den Wald hinein fort. Auf Höhe eines schönen Seerosensees linker Hand schickt der Wegweiser Richtung Bosau Sie nach rechts aus dem Wald heraus.

Sie können nur kurz Sonne auf den Wiesen tanken. Der **Vierer See** umgibt sich mit einem dichten Baumgürtel, den Sie nach einem kurzen Schwenk über Wiesen mit dem Uferwald des **Großen Plöner Sees** (km 3,7, ☞ Tour 11) tauschen. Gleich zu Anfang versprüht rechter Hand ein dekoratives altes Eisentor auf dem verwilderten Gelände einen etwas verwunschenen Charme. Es war mal ein Zugang zum Gut Ruhleben.

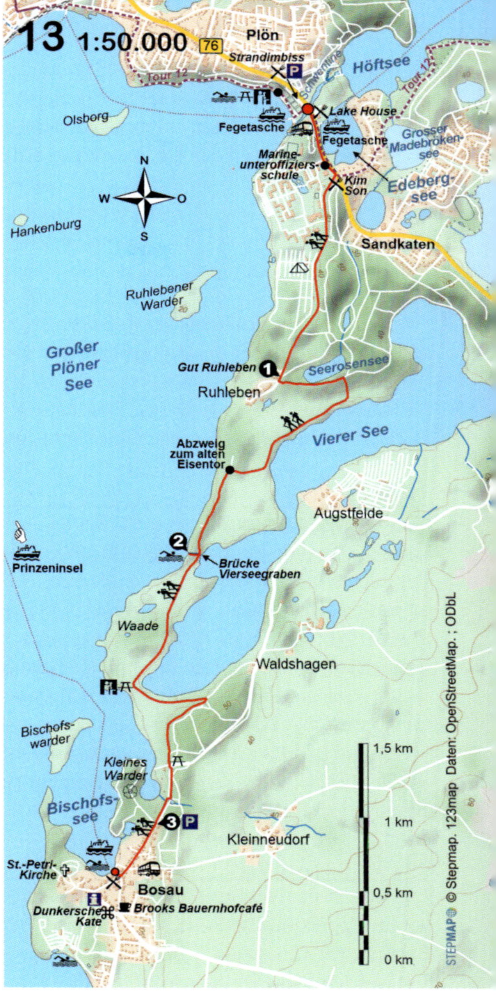

Nicht weit entfernt gewinnen Sie einen herrlichen Blick über die weite Wasserfläche. Sitzen und ins Wasser waten können Sie hier auch. Das leuchtend weiße Plöner Schloss lässt sich gut ausmachen. Die frühere Residenz der Herzöge von Schleswig-Holstein-Plön (von 1633) war bis 1918 im wilhelminischen Deutschland preußische Kadettenanstalt, auch für die kaiserlichen Prinzen. Dann wurde es als Internat genutzt. Seit 2002 ist es im Besitz der Fielmann Akademie, dient als Ausbildungsstätte der Augenoptikbranche und kann teilweise besichtigt werden.

Direkt hinter der **Brücke** (km 4,3) führt ein kurzer, schmaler Pfad über einen Wasserarm zwischen den beiden Seen zu einem kleinen **Sandstrand ❷**. Die folgende Strecke über Wiesen und Felder wieder zurück zum Vierer See kann sich etlicher zauberhafter Weitblicke über beide Seen rühmen. Am Waldrand entlang wird die Straße nach **Bosau** (ausgeschilderter Fußweg im Wald) erreicht. Am Ortseingang treffen Sie auf den **P Wanderparkplatz** am **Kleinen Warder ❸** (km 7).

Ein 1,5 km langer Naturlehrpfad klärt über das benachbarte Waldbiotop „Kleines Warder" auf der Halbinsel auf, das hauptsächlich dem Schutz der Vögel dient.

Bis zum **Schiffsanleger in Bosau** ist es noch ein gutes Stück durch den idyllischen Ort. Außer der Anlegestelle sind alle anderen Anlaufpunkte für Besucher gut ausgeschildert. Rechts vom Eingang zu Strauers Hotels führt ein schmaler Fußweg zum Steg, wo Sie Ihre Tour mit einer herrlichen Schiffsfahrt durch die Buchten des südlichen Großen Plöner Sees abschließen können.

Bosau

Obwohl Bosau von den Ausmaßen eher an ein Dorf denken lässt, ist es ein anerkannter Luftkurort mit über 100.000 Übernachtungen im Jahr. Einige sehenswerten Buchten und Ecken sind zu entdecken. Hof Brooks ist ein malerisches, 150 Jahre altes Reetdachhaus und immer noch in Familienbesitz. Die Dunkersche Kate erweist sich ebenso als Besuchermagnet. Der schmucke Fachwerkbau mit dem charakteristischen Reetdach war einst Wohnhaus und Arbeitsstätte für Schmiedemeister, Leinenweber und Bauern. In den kleinen detailgetreu restaurierten Räumen fesseln interessante Wechselausstellungen die Kunst- und Kulturfreunde. Sie können sich dort auch trauen lassen. Ein schöner Bauerngarten mit überdachtem Picknickplatz und Backhaus verführen zu einer Mußestunde. Bekannt wurde Bosau jedoch vor allem durch die Vicelin-Kirche St. Petri.

St.-Petri-Kirche

Die weit in den Großen Plöner See hinausragende Landzunge wird beherrscht von der Vicelin-Kirche St. Petri. Mit seinen über 860 Jahren ist das dreischiffige Bauwerk mit Glockenturm eines der ältesten Gotteshäuser Schleswig-Holsteins. Die wunderschöne Feldsteinkirche wurde im spätromanischen bzw. frühgotischen Stil erbaut. Für die Fugen wurde beim Bau blendend weißer Segeberger Gips (☞ Tour 10) verwendet. Den Auftrag für den Bau vergab 1151/52 der Bischof Vicelin. Er bekam Bosau als vorläufigen Amtssitz und brauchte dazu ein Gotteshaus, das er dem Apostel Petrus weihte. Obwohl Bosau nur bis 1156 Sitz des

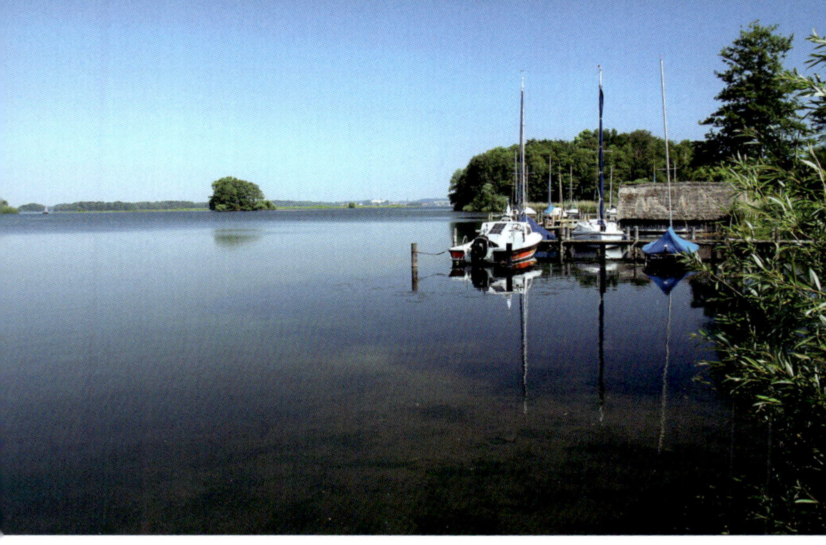

Aussicht vom Fähranleger in Bosau auf den Großen Plöner See

Bistums Oldenburg war, ist die Petrikirche dennoch eine ehemalige Bischofskirche und wird auch „kleinster Dom der Welt" genannt.

✞ Vicelin-Kirche St. Petri, tgl. 8:00 bis 18:00, wegen Führungen beim Touristikbüro nachfragen, hörenswerte Sommerkonzerte

Touristinfo Bosau, Bischof-Vicelin-Damm 11, 23715 Bosau, ☏ 045 27/970 44, info@luftkurort-bosau.de, 15.5. bis 15.9. Fr 15:00 bis 18:00, Sa 10:00 bis 13:00, zusätzlich Juli und Aug So 10:00 bis 13:00

✕ mehrere Cafés und Restaurants, Tipp: Brooks Bauernhofcafé in der Ortsmitte, Achter de Mur 2, 23715 Bosau, ☏ 045 27/202, www.hof-brooks.de, Mi bis So 12:00 bis 18:00, Nov bis Anfang März Winterpause, liebevoll antik eingerichtetes kleines Café mit Garten, köstliche hausgemachte Kuchenkreationen, Suppen oder Quiche, englische Teezeit mit Scones und Sandwiches, große Auswahl an Tee- und Kaffeespezialitäten, Geschenkartikel und Kunsthandwerk zu kaufen, kein Kinderstuhl und Wickeltisch

⌘ Dunkersche Kate, Bischof-Vicelin-Damm, 23715 Bosau, ☏ 045 27/18 22, während Ausstellungen und Handwerkermärkten, Eintritt frei, Rastplatz im Bauerngarten

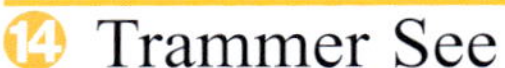

14 Trammer See

Tour für Naturbegeisterte

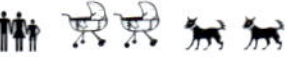

Der Trammer See liegt eingebettet zwischen mächtigen Endmoränen. Die landschaftlich reizvolle Tour geizt daher nicht mit wunderschönen Weitblicken und einigen Anstiegen. Ein Highlight ist der Panoramarundblick vom Parnaßturm. Liegt das turbulente Plön erst einmal hinter Ihnen, warten ruhige Landwege und -straßen.

Start/Ziel: Bahnhof/ZOB Plön, Bahnhofstraße, GPS N 54°09.585' E 010°25.337'

10,6 km

2 Std. 45 Min.

197 m/197 m

10-88 m

Rundweg: blau-weiß, Fernwanderweg E1/E6: weißes Kreuz; Radwegschilder, Teilstück unmarkiert

Mächtige Moränenrücken umarmen den Trammer See. Daher müssen Sie zweimal einen ordentlichen Anstieg bewältigen. Obwohl in Tramm und Rathjensdorf sowie im Stadtgebiet von Plön einige asphaltierte Strecken nicht vermieden werden können, überwiegen die Gras- und Feldwege. Öfter kann im Ort auf sandige Fußwege ausgewichen werden.

Rastplätze am Parnaßturm (km 1,6) und in Rathjensdorf (km 4,1), Sitzbänke (km 5,5, km 5,9, km 9,2)

zahlreiche Einkehrmöglichkeiten in Plön (☞ Tour 12), Tipp: typisch schleswig-holsteinischer Landgasthof Dörpskrog in Rahtjensdorf (km 4,7, nur eingeschränkt geöffnet). ☺ Es empfiehlt sich, sich unterwegs selbst zu versorgen.

WC in der Touristeninformation am Bahnhof, Dixieklo am Badeplatz Tramm (km 7)

zahlreiche Läden in der Plöner Innenstadt

Badeplatz vor Tramm (km 7)

spannende Turmbesichtigung, starker Straßenverkehr im Plöner Zentrum, Ampel an der B76

Treppe im Turm, längere Treppe hinab zum Trammer See, grasbewachsene Wegstrecke an der Westseite des Sees, kurze Treppe am Sportplatz in Plön

Hunde am Badeplatz und auf dem Turm nicht erlaubt, kein Trinkwasser, viel Auslauf auf den Feldwegen möglich

P gebührenpflichtiger Parkplatz am Bahnhof, gebührenfreier Parkplatz in der Eutinerstraße, 300 m zu Fuß vom Bahnhof, GPS N 54°09.589' E 010°25.591'

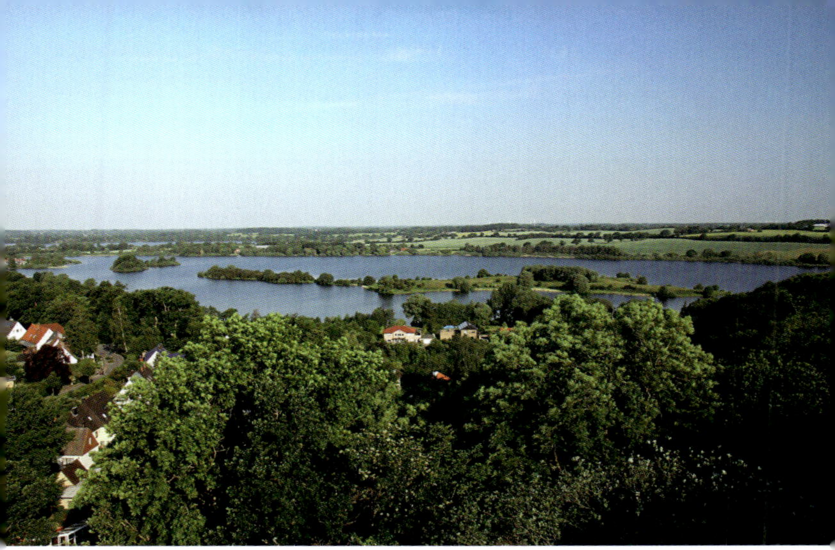

Der Trammer See

 Regionalbahn RB83/84 Kiel-Lübeck mindestens einmal pro Stunde nach Plön

Die Tour startet bei der Touristeninformation im **Bahnhof vom Plön** (☞ Tour 12). Von dort ist der Weg zum **Parnaßturm ❶** (km 1,6) ausgeschildert und ✎ markiert (blau-weiß, weißes Kreuz). Es geht durch die Innenstadt und hinauf durch die Wohngebiete jenseits der B76 (Ampel).

Parnaßturm

Der Parnaßturm oben auf der Kuppe der gleichnamigen Endmoräne verdankt seinen Bau 1888 dem Plöner Verschönerungsverein. Heute umschließt ihn dichter Wald. Auf der Plöner Seite verdecken ihn die Bauten eines Seniorenheims. Deswegen tritt der Aussichtsturm erst im letzten Moment in Erscheinung. Über dem gemauerten Steinsockel strebt ein offener Stahlfachwerkturm in den Himmel. Die Aussichtsplattform schwebt 20 m über dem Boden und hat eine Höhe von 85 m ü. NN. Von oben ergibt sich ein grandioser Panoramarundblick über Plön und die Plöner Seenplatte.

⌘ Parnaßturm, Ostern bis 31.10. tgl. 9:30 bis 19:00, freier Eintritt

Wer sich den Weg durch die Stadt ersparen will, kann auch mit dem Linienbus 332 bis kurz vor den Turm fahren, Mo bis Sa tagsüber alle 30 Min., So alle 2 Std.

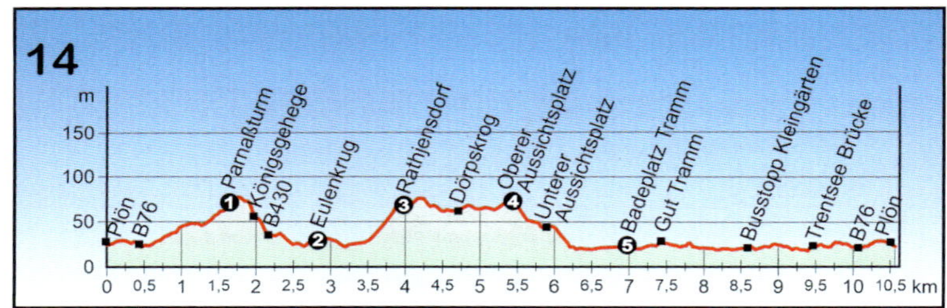

Sie tauchen nun geradeaus in den Wald ein mit weißen X und blau-weiß. Es dauert nicht lange, bis in einer Vorortsiedlung von Plön die ungeteerte Fahrstraße steil zur **B430** (km 2,2) abfällt. Sie brauchen diese aber nicht zu queren und drehen gleich wieder zum Trammer See hin ab. Nach den malerischen Reetdachhäusern von **Eulenkrug** ❷ (km 2,8) bietet ein Redder aufwärts bis **Rathjensdorf** ❸ (km 4) Schutz vor der Witterung. Rechter Hand vor der Dorfstraße umläuft ein Pfad die trichterförmige Vertiefung der Waldanlage von 1963. Am Waldrand treffen Sie auf einen Ⱥ originellen Picknickplatz (Mühlstein als Tisch) mit schöner Aussicht Richtung Plön und eine

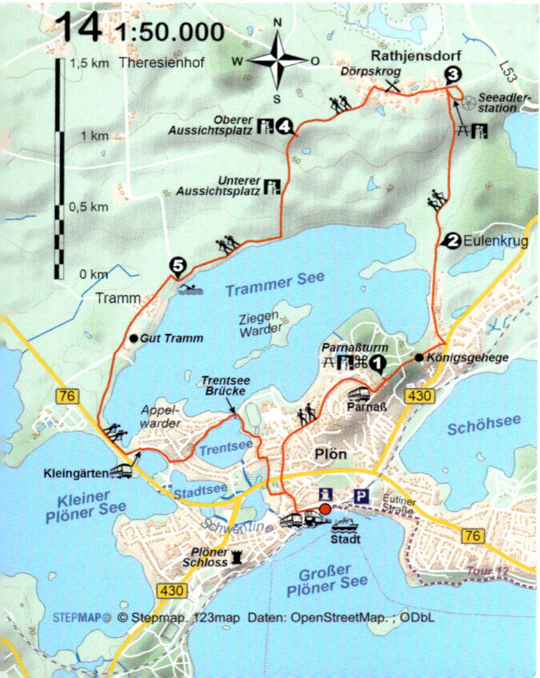

❀ Seeadlerbeobachtungsstation (besetzt von März bis Juni, falls der Horst belegt ist).

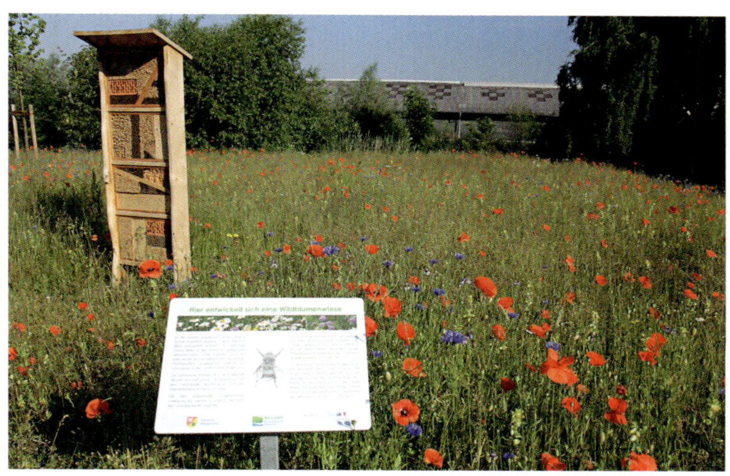

Mitten in Rahtjensdorf ist die neue Wildblumenwiese ein Blickfang

Rathjensdorf ist ein typisches schleswig-holsteinisches Straßendorf. Das bedeutet, an der lang gezogenen einzigen Straße (Bürgersteig vorhanden) drängeln sich alle Häuser. Sie müssen einmal lang durch.

✕ Dörpskrog, Alte Dorfstaße 17, 24306 Rathjensdorf, ☏ 045 22/26 15, 💻 www.doerpskrog-rathjensdorf.de, 🚪 Mo 17:00 bis 20:00 zum Klönschnack ohne Essen, Di bis Fr ab 17:00 Essen auf Bestellung, Sa/So 11:30 bis 14:30 ein Gericht von den regionalen Klassikern, Betriebsferien Okt, kein Kinderstuhl und Wickeltisch, Tipp: Holsteiner Spezialitäten nach Jahreszeit wie Grünkohl, Kohlroulade, gebratener Fasan, Birnen, Bohnen und Speck, gebratener Aal, Mehlbüddel und zum Nachtisch Rote Grütze, im Sommer an bestimmten Tagen Bratkartoffel- (Fr 18:00) oder Grillbuffet (Mi 18:00)

Kurz hinter dem **Dörpskrog** (km 4,7) nimmt Sie der Fernwanderweg wieder in die Knicklandschaft Richtung Plön zum schönsten **Aussichtspunkt der Tour ❹** (km 5,5) mit. Der Trammer See und Plön liegen Ihnen zu Füßen. Dann heißt es

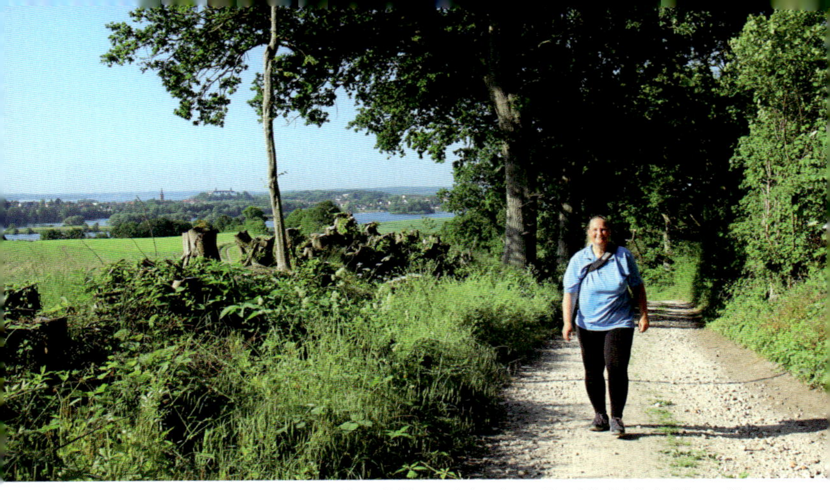

Beim Abstieg zum Trammer See öffnet sich ein toller Weitblick über die Plöner Seenlandschaft mit Schloss

abwärts wandern. An der nächsten Gabelung nehmen Sie nicht den Weg im Redder, sondern den breiten Grasweg über die offenen Felder. Er streift eine weitere Aussichtsbank (km 5,9) etwas tiefer und knickt unten am Seeufer zum **Badeplatz** ❺ (km 7) kurz vor **Tramm** ab. An der Landstraße trennen Sie sich vom Fernwanderweg und durchqueren den Ort mit dem Gut Tramm. Am Ortsausgang biegt eine Radroute nach links auf einen Pfad ab. Sie quetscht sich zwischen B76 und Trammer See durch eine Kleingartensiedlung und führt nach **Plön** hinein.

Das letzte Wegstück ist zwar unmarkiert, dafür gibt es aber bis ins Zentrum kaum Autoverkehr. Sie umlaufen entlang der Straße Appelwarder eine Ausbuchtung des **Kleinen Plöner Sees** (km 8,5), bis das Plöner Schloss (☞ Tour 13) im Blickfeld auftaucht. Dort müssen Sie nach links weiter dem Appelwarder folgen. Sie kreuzen die nächste Querstraße und treten in den Trentseeweg. Der Pfad lotst Sie zwischen **Trentsee** (km 9) und den Häusergärten hindurch bis zur Brücke, die den Zufluss zum Trammer See überspannt, und weiter nach rechts um den Trentsee herum. Am Sportplatz des Schulgeländes steigen Sie nach rechts die Treppe hoch.

Die folgende Sackgasse mündet in die **Brückenstraße** (km 9,9). Nach links sind es nur ein paar Meter bis rechter Hand der Büffelpfad seinen Anfang hat. Sie erreichen schließlich die bekannte Fahrstraße im Zentrum von Plön. Nach rechts zur Touristeninformation sind es nur noch 300 m.

15 Bungsberg

Tour für Naturbegeisterte

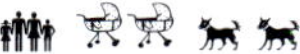

Auf der ostholsteinischen Dörfertour zum höchsten Berg Schleswig-Holsteins, dem Bungsberg mit seinem markanten Fernsehturm, steht einmal nicht das Wasser im Mittelpunkt, sondern die hügelige holsteinische Knicklandschaft. Dieser Landesteil ist bei Weitem nicht so gut besucht wie das Dreieck Plön-Eutin-Malente, dennoch ist auf den Abschnitten mit Fahrstraßen mit Verkehr zu rechnen.

- Start/Ziel: Kirche, Eutiner Straße/Ecke Jahnweg, Schönwalde am Bungsberg, GPS N 54°11.244' E 010°45.211'
- 24 km
- 6 Std.
- 601 m/601 m
- 25-168 m
- Rundweg Schönwalde Holzschild mit Männchen, grünblauer Holsteinischer Schweizweg, Fernwanderweg E1/E6: weißes Kreuz, Rundweg Kasseedorf roter und gelber Querbalken auf weißem Grund, Radwegschilder, Teilstück unmarkiert, Infotafeln
- Moränen rauf und runter ist das Motto des Tages. Die abwechslungsreiche „Bergtour" bleibt im Ostteil vom Bungsberg zwischen Schönwalde und Kasseedorf meistens in Wäldern und schützenden Reddern. Der Westpart startet mit einem Seeuferweg. Hauptsächlich wartet er aber mit schattenlosen Landstraßen und Feldwegen auf.
- Sitzbänke alle paar Kilometer, Rastplätze: Grillplatz (km 0,3), Badeplatz Stendorfer See (km 7,1), Bungsberg (km 19)
- Einkehrmöglichkeiten Kasseedorf (km 5,9), Bungsberg (km 19)
- Bäckerei, Apotheke, Bank, Textilgeschäfte, Zeitungskiosk, Tankstelle in Schönwalde
- Badeplatz am Stendorfer See (km 7,1)
- Spielplätze in Heischkate und auf dem Bungsberg, längere Strecken auf verkehrsarmen Landstraßen, kürzere Abschnitte an Hauptverkehrswegen mit Querung, davon 100 m ohne Gehweg
- größtenteils einfach, Treppe im Fernsehturm und Elisabethturm, mehrmals kurze grasbewachsene Wegstrecken
- Hunde am Badeplatz und auf Türmen nicht erlaubt, Trinkwasser nur an den Seen (km 4,3, km 7,1), viel Auslauf auf den Feldwegen, längere Asphaltstrecke von 7 km
- P viele Parkbuchten entlang der Eutiner Straße in Schönwalde oder beim Grillplatz im Jahnweg

Linie 5508 Oldenburg-Eutin Mo bis Fr mehrmals tgl. (Haltestelle „Schule"), am Wochenende wird nur Eutin dreimal tgl. angefahren. Beide Städte sind mit dem Zug erreichbar.

Start und Ziel der Tour ist die Kirche in **Schönwalde am Bungsberg**.

Bäckerei Seßelberg, Oldenburger Str. 2, 23744 Schönwalde, ☏ 045 28/91 38 41, www.baeckerei-sesselberg.de, Mo bis Fr 5:30 bis 13:00, Sa 5:30 bis 12:30, So 7:00 bis 11:30

⌘ Dorfmuseum in der alten Schule am Dorfteich gegenüber der Kirche, Am Ruhsal, 23744 Schönwalde am Bungsberg, ☏ 045 28/91 07 75, www.dorfmuseum-schoenwalde.de, 15.5. bis 30.9. Di und Fr 16:00 bis 18:00, Juli/Aug zusätzlich auch So, alter Klassenraum und Ausstellung über das Leben der Bauern und Handwerker der Gegend, Eintritt € 3, Kind € 1

Am Anfang des Jahnweges auf der Westseite des Kirchengeländes dirigieren Sie die weißen Kreuze des Fernwanderweges aus dem Ort hinaus und am Grillpatz vorbei in das Hügelland hinein. Es finden sich ebenfalls die Zeichen vom Schönwalder Rund – bzw. vom Holsteinische Schweizweg. Kurz umfängt Sie das **Glinder Gehölz** (km 1) mit einer grünen Gardine. Wie der Name bereits besagt, finden sich im Umkreis von Schönwalde einige der schönsten Wälder Schleswig-Holsteins. An einer großen Kreuzung im Wald verabschiedet sich das Holzmännchen nach Osten. Geradeaus lotsen Sie Blaugrün und das weiße Kreuz zur Bank (km 1,7) am Waldrand. Hinter den einsam gelegenen **Höfen Glinde** ❶ und **Windberg** fungiert ein imposanter Redder (km 3) als Eingangstor zum Naturschutzgebiet „**Kasseedorfer Teiche und Umgebung**". Der grüne Tunnel mit vielen

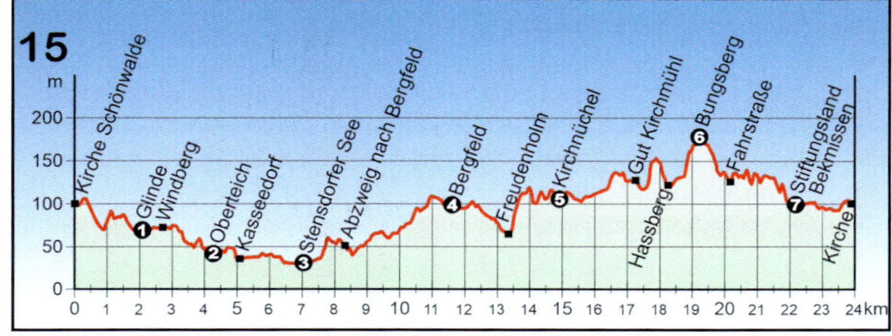

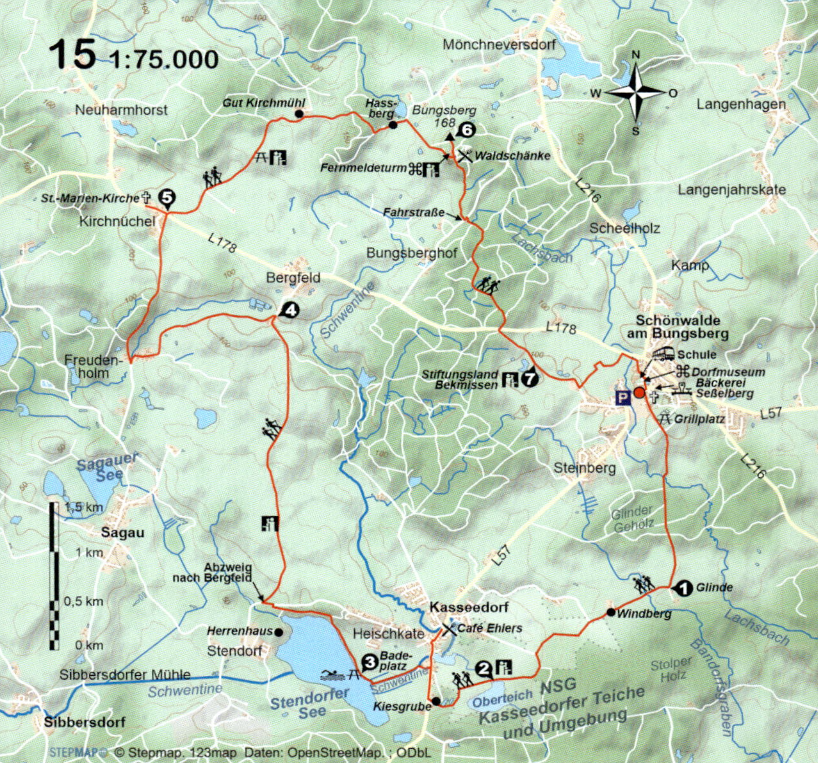

schönen, alten Eichen und skurril verbogenen Bäumen windet sich auf und ab über die Moränenrücken. In Richtung Oberteich gesellen sich erst das Gelb-weiß, dann das Rot-weiß der Rundwege dazu.

Am **Oberteich ❷** (km 4,3) gewährt eine Aussichtsplattform einen zauberhaften Ausblick über den künstlich aufgestauten alten Fischteich. Unzählige Libellen tanzen zwischen den Seerosen über das Wasser.

Erst in **Kasseedorf** (km 5,1) spuckt Sie der Redder wieder aus. Rechter Hand am Wendeplatz macht ein stattliches Holztor auf die Kiesgrube aufmerksam. Wie auch andernorts wurden jahrzehntelang die mächtigen Kiesablagerungen der letzten Eiszeit abgebaut und so die Landschaft verändert.

An der Hauptstraße trennen Sie sich vom Fernwanderweg und laufen nach rechts ins Dorf hinein. Die ersten 100 m verfügen leider über keinen Gehweg.

Café Ehlers, Oldenburger Str. 8, 23717 Kasseedorf, ☏ 045 28/232, www.cafe-ehlers.de, Ostern bis Mitte Okt Di bis So ab 14:00, Mitte Feb bis Ostern Sa/So ab 14:00, gemütliches Café mit hausgemachten Kuchen, 400 m von der Wanderroute die Hauptstraße hinauf, kein Wickeltisch und Kinderstuhl

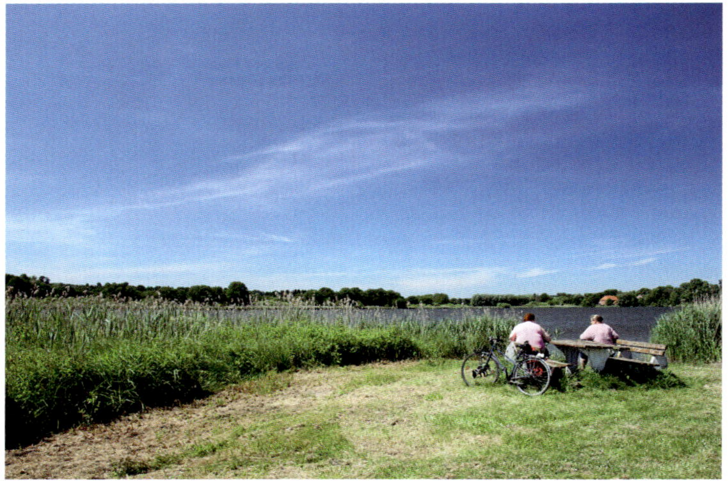

Der Badeplatz am Stendorfer See in Kasseedorf

Nach 350 m biegen Sie nach links in den Schwentineweg ab. Hinter dem letzten Haus auf der rechten Seite beim Stromkasten queren Sie die Schwentine. Am dicht von Schilf gesäumten Fluss folgen Sie der Grasspur in Richtung See. Über eine Brücke kommen Sie zum **Badeplatz am Stendorfer See ❸** (km 7,1) mit fotogenem Blick auf das gleichnamige Gut auf der gegenüberliegenden Seite. Die blumenreichen Seeniederungen diesseits zieren markante, fächerartige Seggenhorste.

Auf dem Uferweg geht es weiter. Sie ignorieren nach 200 m den Abzweig aufwärts zu den Häusern von Heischkate und bleiben am See. Der Trampelpfad wird im Wald bald besser begehbar. Dort treffen Sie wieder auf die rot-weißen Zeichen des Rundweges. Am grünweißen Schlagbaum mündet der Rundweg in die Fahrstraße. In Sichtweite linker Hand ist Ihr Abzweig nach Bergfeld (km 8,5).

Schweißtreibend gehen Sie die Straßen die mächtigen Moränenrücken rauf und runter über **Bergfeld** ❹ (km 11,6) bis zur kleinen Siedlung **Freudenholm** (km 13,3). Der Vorteil des Achterbahnkurses sind die grandiosen Weitblicke über die Knicklandschaft. Rapsfelder und die vielen Kastanienbäume erfreuen das Auge besonders im Frühjahr in der Blütezeit. Und erstmals erscheint im Norden der Funkturm des Bungsberges. Am Ortsausgang ist der Rundweg Kirchnüchel/Bungsberg nach Norden ausgewiesen. Der Feldweg mündet in **Kirchnüchel** ❺ (km 15) in die Landstraße Schönwalde-Lütjenburg. Auf dem Bürgersteig sind es vom Gut 250 m nach links zur Kirche.

Kirchnüchel

Der Ort besteht aus dem Gut Grünhaus mit altem Torhaus, dem ehemaligen Gasthaus Marienquelle und der St.-Marien-Kirche mit Pfarrhaus und Friedhof. Wer würde vermuten, dass dies mal ein bedeutender Wallfahrtsort war? Die Verehrung des Marienkults galt einer heilkräftigen Quelle und einem wundertätigen Marienbild. An Stelle der Quelle wurde 1867 ein Gasthaus gebaut. Die Marienfigur aus dem 15. Jh., aus Elfenbein und mit Flussperlen besetzt, kann immer noch in der sehenswerten Kirche aus dem 13. Jh. bewundert werden. Die Kirche ist mit 116 m das höchstgelegene Gotteshaus Schleswig-Holsteins. Die angefügte Brockdorffsche Grabkapelle von 1692 mit dem bedeutenden marmornen Grabmal eines Antwerpener Meisters sowie die Mitte der 1960er eingesetzten Rundfenster mit Glasmalereien im Chagall'schen Stil überraschen den Besucher des winzigen Dorfes.

Gegenüber dem Gut schlängelt sich ein aussichtsreicher Weg über Felder, durch kleine Waldstücke an blumenreichen Wiesen und Gut Kirchmühl vorbei Richtung Bungsberg langsam weiter aufwärts. Der Funkturm rückt immer näher. Am Teich in **Hassberg** (km 18,3) ist rechter Hand in der Hecke eine Lücke, wo ein Schild auf den steilen, schmalen Pfad hinauf zeigt. Sie steigen unterhalb des Gipfels am Feldrand entlang auf und dann in den Wald hoch zum Fuß des Senderturms (km 19). Dort wurde 2014 die große Lichtung völlig neu gestaltet und ein Erlebnis- und Bildungszentrum für Kinder mit Waldspielplatz, Bauerngarten und Wasserspiel errichtet. Am Funkturm vorbei geht es in 200 m geradeaus aus dem Wald heraus zum Gipfel des **Bungsbergs** ❻.

⌘ Fernmeldeturm, tgl. 7:00 bis 17:00, Eintritt frei

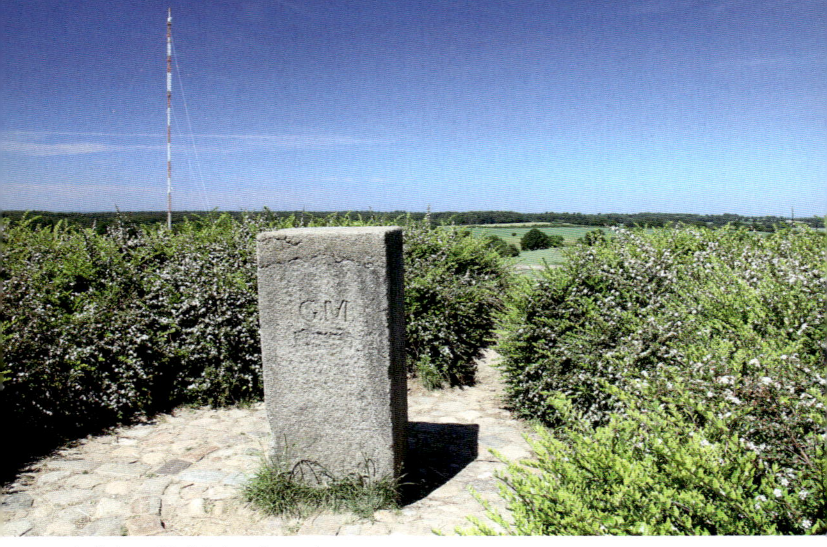

Auf dem Gipfel des Bungsbergs

- ♦ Elisabethturm, tgl. 7:00 bis 17:00, Eintritt frei
- ♦ Erlebnis Bungsberg, www.erlebnis-bungsberg.de, Veranstaltungen für Kinder
- ✕ Waldschänke, Bungsberg 2a, 23744 Schönwalde/Bungsberg, ☏ 045 28/913 88 80, https://cafe-restaurant-168-uenn.eatbu.com, Fr bis So 12:00 bis 19:30, Kinderecke

Bungsberg

Mit 168 m ist der Bungsberg der höchste Berg Schleswig-Holsteins. Auf dem Gipfelpunkt thront der Granitpfeiler einer dänischen Gradmessung von 1838. Ansonsten wurde auf der wenig markanten Höhe ein Skilift installiert, der mit einer 300 m langen Abfahrtspiste und einer Rodelstrecke das nördlichste Skigebiet Deutschlands repräsentiert. Witterungsbedingt kommt er allerdings nicht jedes Jahr zum Einsatz. Im Wald erstrahlt der 22 m hohe Elisabethturm im neuen Glanz. Der historische Aussichtsturm allein ist schon ein Besuch wert. Schräg gegenüber strebt der 179 m hohe Funkmeldeturm in den Himmel. Er ist einer von zwei Sendetürmen in Schleswig-Holstein, die bestiegen werden können. Von der 42 m hohen Aussichtsplattform reicht der 360°-Panoramarundblick von Kiel bis Lübeck, an klaren Tagen sogar bis Dänemark.

Schon im Mittelalter erkannten die Mönche vom Kloster Cismar (☞ Tour 20) die weitreichende Bedeutung des Berges. Vom Gipfel ertönte der Bung (alte Bezeichnung für Gong), mit dem die Mönche die Gebetsstunde und den Feierabend für die Bauern einläuteten – daher der Name Bungsberg.

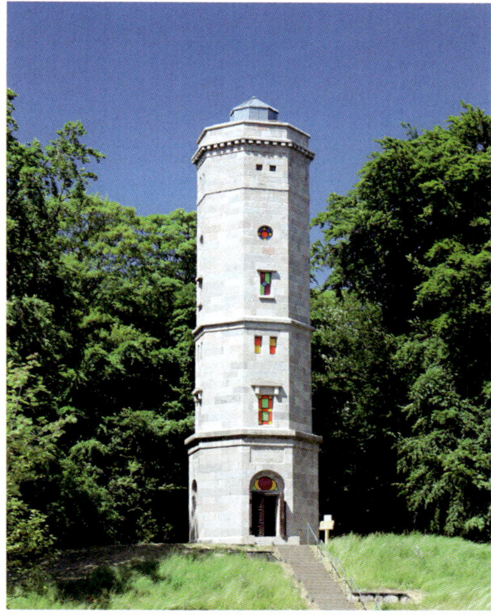

Der renovierte Elisabethturm auf dem Bungsberg

Vom **P** Parkplatz folgen Sie der Zufahrtsstraße, die um das Bildungsgebäude herum in den Wald führt. Gleich in der ersten Kurve biegen Sie auf den Waldpfad ab, der an einer Bank vorbei den Hang bergabwärts führt. Am Waldrand entlang geht es geradeaus mit dem ✎ weißen Kreuz weiter hinab zur **Fahrstraße** (km 20,2). Ein paar Meter nach links lenken Sie die Markierungen des Fernwanderweges weiter sanft bergab in den Wald hinein. Sie kreuzen die Landstraße Schönwalde-Lütjenburg (km 21,7). Der **Aussichtspunkt am Stiftungsland Bekmissen** ❼ (km 22,2), das wieder in eine „Wilde Weide" zurückverwandelt wird, war im Sommer 2021 noch eingezäunt wegen Neubaus. Am **Ortsrand von Schönwalde** quert nach 550 m der Holsteinische Schweizweg und der Dorfrundweg nach links die Projektwiesen zur Landstraße mit schönen Ausblicken auf das Naturidyll. Dann laufen Sie auf ruhigen Nebenstraßen in den Ort hinein und weiter zum Dorfteich nahe der Kirche.

16 Eutiner See

Tour für Kulturbegeisterte

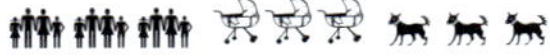

Wer Kultur mit einem gemütlichen Wald- und Wiesenspaziergang um den Eutiner See verbinden möchte, ist auf dieser Tour goldrichtig. Die pittoreske Rosenstadt Eutin ist nicht nur für ihr sehenswertes Schloss und den Schlossgarten, sondern auch für Klassik unter freiem Himmel bekannt.

Start/Ziel: Eutin Schloss, Schlossgarten, GPS N 54°08.230' E 010°37.223'

9,1 km

2 Std. 30 Min.

208 m/208 m

25-64 m

Seerundweg: roter und grüner Balken auf weißem Grund, Fernwanderweg: weißes Kreuz, Mönchsweg für Radfahrer: blau-weißes Altarzeichen

Die Waldwege auf der nördlichen Seeseite schlängeln sich auf den Moränenhängen ein wenig auf und ab. Die Feld- und Wiesenwege auf der südlichen Seite klammern sich an die flachen Ufer bis zum Schlosspark und der Seepromenade in der weiten westlichen Bucht.

viele Sitzbänke und zwei Schutzhütten (km 2,7, km 4,6)

WC am Start/Ziel gegenüber dem Haupteingang des Schlosses am Jungfernstieg, an der Seepromenade (km 0,6)

zahlreiche Einkehrmöglichkeiten in Eutin, Tipp: Kunst & Kaffee im Haus Rastleben; Pause mit Picknickkorb im Schlossgarten (☞ unten)

zahlreiche Läden in der Eutiner Innenstadt, 3 Min. vom Schloss

historische Badeanstalt (km 1,3), Badestelle (km 5)

Minigolf (km 1,4), Spielmöglichkeiten an der Promenade, im Seepark und in der Badeanstalt, Wasservögel beobachten am See, Baden

einfach für Buggys

zahlreiche Trinkmöglichkeiten rund um den See, Leinenpflicht im Schlosspark und im Wald, auf Seerundweg viel Radverkehr

P Parkplatz am Schloss, Jungfernstieg, GPS N 54°08.200' E 010°37.164', falls dieser belegt ist: mehrere ausgeschilderte Parkplätze in Eutin oder am besten starten Sie vom großen kostenlosen Parkareal bei der Seebühne GPS N 54°08.030' E 010°37.547'

Regionalbahn 83/84 Kiel-Lübeck zweimal pro Stunde nach Eutin, 800 m Fußweg vom Bahnhof zum Schloss (Zentrum/Schloss ausgeschildert)

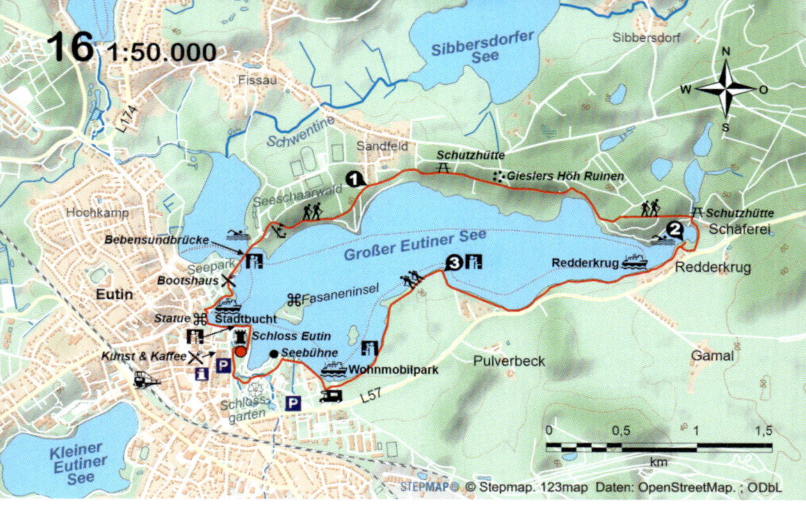

Eutiner Seerundfahrt, Parkweg 12, 23701 Eutin, ☏ 045 21/33 44, 01 72/414 11 36, info@eutiner-seerundfahrt.de, www.eutiner-seerundfahrt.de, Ostern und 1.5. bis 10.10. dreimal tgl., Rundfahrt € 8, Kind € 4, Tipp: Opernfahrten (Brauereibesuch mit Essen und Rundfahrt zur Vorstellung). Sie können auch die Hälfte der Tour bis zum Redderkrug mit dem Schiff zurücklegen oder neuerdings beim Wohnmobilpark zusteigen, Stadtbucht-Redderkrug € 5,50, Kind € 3.

Beim Blick vom Schlossplatz auf das ⌘ **Schloss Eutin** fällt neben dem imposanten barocken Bauwerk mit dem mächtigen Torturm zunächst die rote Backsteinmauer auf, die die Schlossanlage vollständig einfasst. Am Parkplatz findet sich ein Eingang in den Schlossgarten, wo die Tour startet.

Schloss Eutin

Seit Jahrhunderten residierten die Fürstbischöfe von Lübeck hier. Die letzte Familie, die das Amt innehatte, gehörte zur jüngeren Linie von Holstein-Gottorp, die 1774 den Titel Herzöge von Oldenburg erhielt und den Sitz als Sommerresidenz nutzte. Seit dem Jahre 1260 wurde an dieser Stelle immer wieder gebaut, bis zu Beginn des 18. Jh. die jetzige Vierflügelanlage entstand. Die wertvolle Innenausstattung ist zum Großteil bewahrt geblieben und zeugt von der kulturellen

Blütezeit im 18. Jh., als das Eutiner Schloss zu den bedeutendsten Herrschaftssitzen Schleswig-Holsteins zählte. Ein Besuch lohnt sich.

⌘ Schloss Eutin, Schlossplatz 5, 23701 Eutin, ☏ 045 21/709 50, info@schloss-eutin.de, www.schloss-eutin.de, Di bis So 11:00 bis 17:00, € 10, Kind € 2, Führungen (11:00,13:00) € 4, Themen- und Familienführungen mit Anmeldung, Shop, Veranstaltungen für Kinder

♦ Ostholstein-Museum Eutin, im ehemaligen Marstall des Schlosses, Schlossplatz 1, 23701 Eutin, ☏ 045 21/78 85 20, info@oh-museum.de, https://museum.kreis-oh.de, März bis Okt Di bis So 11:00 bis 17:00, Nov bis Jan Di bis Fr 14:00 bis 17:00, Sa/So 11:00 bis 17:00, € 6, Kind € 3,50, verschiedene Ausstellungen zu Land und Leuten

Schlossküche im Schloss, ☏ 045 21/830 87 90, www.schlosskueche-eutin.de, Mi bis So 11:30 bis 23:00 (warme Küche bis 21:00), ab Mitte Jan und Feb geschlossen, Kinderstuhl und Wickeltisch vorhanden

Tipp: Kunst & Kaffee im Haus Rastleben, Stolbergstraße 18, 23701 Eutin, ☏ 045 21/713 19, Sa/So 14:00 bis 18:00, kein Wickeltisch und Kinderstuhl, Galerie mit Café im ehemaligen Kapitelhof zwischen Marktplatz und Schloss, stilvolles historisches Ambiente, tgl. frische große Auswahl an selbst gebackenen Kuchen und Torten. Die Besitzer, ein nettes älteres Ehepaar, sind sehr hundefreundlich und wohnen über dem Café.

Auf der Nordseite des Schlosses endet der Uferweg des Schlossparks an einem schattigen **Aussichtspunkt**. Unter den Ästen eines mächtigen Baumes hervor überschauen Sie die Stadtbucht, um die die neu gestaltete Seepromenade herumführt. Die ⌘ **Statue „Die Schauende"** ein paar Meter vom Ufer entfernt im Wasser der Bucht stellt einen besonderen Blickfang dar. Sie erinnert stark an die berühmte Meerjungfrau in Kopenhagen. Ein kleines Stück weiter erstreckt sich der **Schiffsanleger der Eutiner Seerundfahrt** ins Wasser. Nahtlos schließen sich die Uferwege des **Seeparks** (km 0,7) an.

Das Bootshaus, Seepark 1, 23701 Eutin, 01 76/204 574 93, Di bis So 12:00 bis 17:00, mit Kiosk, hausgemachten Kuchen und traumhaften Seeblick, Kinderstuhl ja, Wickeltisch nein

Die aussichtsreiche hölzerne **Bebensundbrücke** hilft dann über die Seeenge zum Seeschaarwald hinüber. Linker Hand liegt in traumhafter Umgebung die

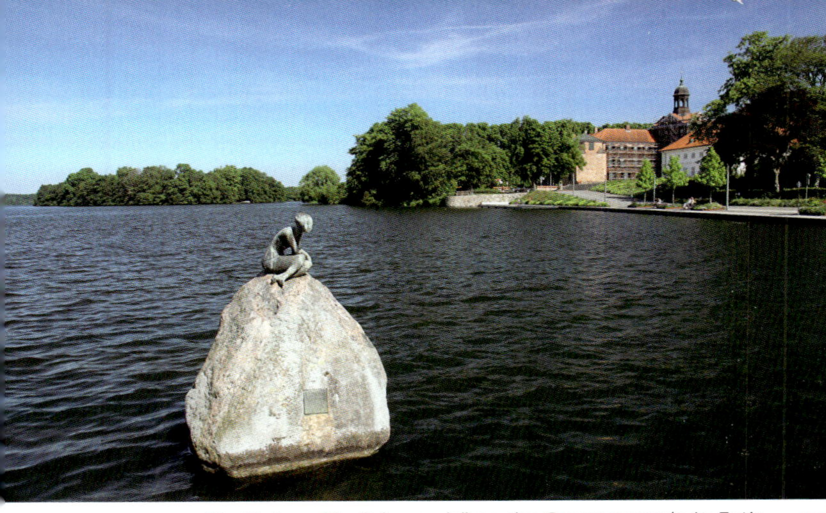

Die Statue „Die Schauende" an der Seepromenade in Eutin mit Fasaneninsel und Schloss im Hintergrund

historische **Badeanstalt** (km 1,3) mit alten Umkleidekabinen, hölzernen Badestegen und Bademeisterhaus. Rechter Hand wird der Blick über die Stadtbucht von der Silhouette des Schlosses festgehalten. Der Bucht vorgelagert ist im Großen Eutiner See die ⌘ Fasaneninsel zu erkennen.

Fasaneninsel

Das 2,1 Hektar große Eiland zählt zum historischen Stadtkern und gilt als die Wiege Eutins. Als Erstes errichteten Slawen ab dem 9. Jh. eine Burg namens Utin auf ihr. Im Zuge der Eroberung des slawischen Wagriens durch die Holsten im Jahre 1138 wurde die Festung dem Erdboden gleichgemacht. Die neuen Siedler ließen sich auf dem Festland nieder, aus dem die Stadt Eutin heranwuchs. Im April 2014 wurde die denkmalgeschützte Insel für 485.000 Euro zwangsversteigert. Der neue Besitzer möchte eine Stiftung für Umwelt und Naturschutz einrichten und die Fasaneninsel der Öffentlichkeit zugänglich machen. Bisher wurde ihm aber der Zutritt von der alten Eigentümerin verwehrt.

historische Badeanstalt, im Sommer Mo bis Fr 10:00 bis 20:00, Sa/So 10:00 bis 18:00, bei schlechtem Wetter eventuell unbewacht, Badestege sind dann gesperrt, Eintritt frei

Die Markierungen des Seerundweges und des Fernwanderweges leiten Sie weiter durch den Seeschaarwald. Im leichten Auf und Ab zieht sich die Wanderung durch den reizvollen Buchenwald. Der See taucht nur selten rechts zwischen den Bäumen auf. Ab den Häusern von **Sandfeld ❶** (km 2,3) ist der ungeteerte Forstweg für Autos (selten) befahrbar. Vom **Schutzpavillon** (km 2,7) sind es noch 400 m, bis ein Trampelpfad zu den Ruinen auf der Anhöhe im Wald hochklettert.

Die Ruinen von Gieslers Höh

Auf der Anfang des 20. Jh. noch unbewaldeten Anhöhe stand das beliebte Ausflugslokal Gieslers Höh. Die Gäste kamen zu Fuß oder legten mit dem Boot am hauseigenen Steg an. Sie genossen die Sommerfrische und den tollen Ausblick über den Eutiner See. 1928 legte ein verheerendes Feuer das Haus in Schutt und Asche. Nach der Neueröffnung 1930 wurde das Restaurant in den 1950er endgültig aufgegeben. Die zwischen dem dichten Bewuchs versteckt liegenden Ruinen sind dank der zahlreichen bunten Graffiti beim Aufstieg bald gut zu erkennen. Beliebt ist Gieslers Höh noch heute, bei Geocachern und wie leider der herumliegende Müll bezeugt, bei Partygästen.

An der östlichen Seespitze verlässt der Seeweg bei der zweiten **Schutzhütte** (km 4,6) die Forststraße und den Wald. Oben am Wiesenhang steht ein schönes Reetdachhaus. Rechts über den Schilfgürtel hinweg ist der Große Eutiner See zu überblicken. Gleich zu Anfang am Südufer befindet sich die unbewachte **Badestelle ❷** (km 5) von der Siedlung **Redderkrug**. Ein Radwegschild weist auf den breiten Uferpfad. Am diesseitigen, steil werdenden Ufer reihen sich stattliche Villen aneinander. Der Weg durchschneidet die Hausgärten und trennt sie von den Seestegen, Booten und privaten Badeplätzen. Beim **Schiffsanleger Redderkrug** (km 5,3) haben Sie die Wahl, ob Sie den Rest der Strecke zu Fuß oder per Boot zurücklegen wollen.

Der Seerundweg windet sich am Ufer entlang. Links erstrecken sich Weiden und Äcker über das wellige Land. Das Ufer wird auf der Seeseite von einem schmalen Baum- und Heckengürtel flankiert, der seinen Schleier immer wieder lüftet. Ein Landvorsprung ermöglicht einen besonders guten **Ausblick ❸** (km 6,9) über den Eutiner See mit Fasaneninsel. Am Ortsrand von Eutin wurde beim Wohnmobilpark ein weiterer **Schiffsanleger** (km 8) mit Zustieg für das Ausflugsboot geschaffen. Kurz danach können Sie wählen: Geradeaus kommen Sie über den großen Parkplatz und Bauhof in den Schlossgarten oder Sie nehmen den Uferweg an der Seebühne der Eutiner Festspiele vorbei in den **Schlosspark**.

Im 18. und 19. Jh. wurde die barocke Anlage in einen englischen Landschaftsgarten verwandelt. Er ist ein Publikumsmagnet. Seit Neuestem wird hier zum Picknick eingeladen. Die Holsteinische Schweiz hat als einzige „Picknickregion" Deutschlands Pauschalen mit gepacktem Korb im Programm. Es lohnt sich auf den vielen verschlungenen Pfaden auf Entdeckungsreise zu gehen, bevor Sie wieder am Ziel beim Schloss an der Südfassade stehen.

Tourismuszentrale Holsteinische Schweiz, Touristinfo Eutin, Markt 19, 23701 Eutin, 045 21/709 70, info@eutin-tourismus.de, www.holsteinischeschweiz.de, 1.1. bis 14.5. u. 15.10. bis 31.12. Mo bis Fr 10:00 bis 18:00, Sa 10:00 bis 13:00, 15.5. bis 30.6. u. 1.9. bis 14.10. Mo bis Fr 9:00 bis 18:00, Sa 10:00 bis 14:00, 1.7. bis 31.8. zusätzlich So 10:00 bis 14:00

Eutiner Festspiele, Am Schlossgarten 7, 23701 Eutin, 045 21/800 10, www.eutiner-festspiele.de, Tipp: Oper, Operetten oder Musicals auf einer der schönsten Freilichtbühnen im Schlossgarten am Seeufer

Mit dem Picknickkorb im Schlossgarten schlemmen: Nach vorheriger Bestellung per Telefon oder E-Mail wird ein Korb mit Leckereien von örtlichen Anbietern gepackt und kann vor Ort abgeholt werden, Infos: Tourismuszentrale Holsteinische Schweiz oder www.picknick-holsteinischeschweiz.de

Eutin

Die pittoreske Altstadt schmückt sich mit Fachwerkhäuschen, hübschen klassizistischen Bauten und Kletterrosen an den Hauswänden, denen Eutin seinen Beinamen als „Rosenstadt" verdankt. Die Stadt wurde außerdem häufig als „Weimar des Nordens" betitelt. Das ist auf die zahlreichen geistigen Größen unter den Bewohnern während ihrer Blütezeit im 18. und 19. Jh. zurückzuführen, als sich berühmte Literaten wie der Homer-Übersetzer Voß oder der Maler Tischbein hier aufhielten. Der Komponist Carl Maria von Weber wurde immerhin in einem der Häuser geboren. Ihm zu Ehren wird alljährlich der „Freischütz" auf der Seebühne aufgeführt.

☺ Besuchen Sie Eutin zum Lichterfest (1. Advent. bis 29.12.), wenn weihnachtliche Motive als bewegende Lichtprojektionen auf den Fassaden der Kleinstadt illuminiert werden. Unter dem Motto „Alte Fassaden in neuem Licht" tauchen die vielen bunten Lichter die Gebäude in einen außergewöhnlichen Lichtzauber.

17 Hessenstein

Tour für Feinschmecker, Natur- und Geschichtsinteressierte

Bergig geht es nördlich von Lütjenburg zu. Dafür wartet die Tour im Wald zwischen dem Turm Hessenstein und Strezerberg mit einigen schönen Ausblicken auf. Im vegetationsreichen Nienthal ist einiges über die Entstehung und Besiedlung des Landes zu erfahren.

Start/Ziel: Forsthaus Hessenstein, GPS N 54°19.708' E 010°32.794'

11,1 km

3 Std. 45 Min.

286 m/286 m

48-131 m

Wegweiser, Orientierung im Wald und auf den Wiesen aber wegen zahlreicher unmarkierter Wege nicht einfach, guter Orientierungssinn erforderlich, Infotafeln

Die hügelige Waldwanderung im Moränengebiet beim Hessenstein erfordert etwas Kondition. Beim Abstecher über die Orchideen- und Streuobstwiesen im Südosten vor den Toren von Lütjenburg lässt sich zwar Sonne tanken, aber das Auf und Ab bleibt. Längere Abschnitte mit Betonplattenwegen und 700 m Asphaltstraße vom Eiszeitmuseum zur Turmhügelburg.

Schutzhütten am Wald (km 3,9, km 10,5), Rastplatz an Streuobstwiesen (km 7,2), Rastplätze am Froschteich (km 4,9, km 7,6) und an der Turmhügelburg (km 6,1), Bank am Grundlosen See (km 9,1)

am Start/Ziel und kleines Café im Eiszeitmuseum (km 5,3)

Aussichtsturm, Eiszeitmuseum mit Aktionen für Kinder, Turmhügelburg, 800 m Fahrstraße ohne Gehweg zur Turmhügelburg, am Grundlosen See Einsinkgefahr

größtenteils einfach, Turm nicht zugänglich für Buggys, 1 km Grasweg über Wiese, kurzer verwurzelter Pfad zum Hügelgrab

mehrere Trinkmöglichkeiten an kleinen Teichen und am Fluss, Auslauf auf dem Rückweg auf Feldwegen, filigrane Eisentreppe und enge Gitterdrehtür im Turm

P Parkplatz Forsthaus Hessenstein

Linie 260 Schönberg-Lütjenburg tgl. fast stündlich nach Gut Panker, Haltestelle Panker Chaussee. 2 km Fußweg von dort durch den Ruheforst zum Hessenstein (ausgeschildert)

Im **Forsthaus Hessenstein** wurde Holsteins erster Michelin-Stern erkocht. Obwohl der Stern 2014 an das benachbarte Restaurant Ole Liese vom Gut Panker weitergereicht wurde, kommen auf die liebevoll angerichteten Teller immer noch exzellente Gerichte. Die Karte ist zwar klein, die Küche dafür umso besser im gemütlichen, rustikalen Restaurant im alten Jagdhaus von Gut Panker.

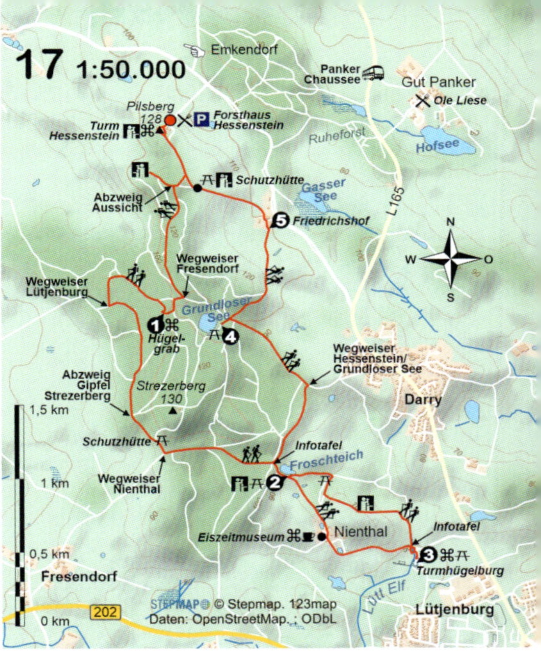

✕ Forsthaus Hessenstein, Hessenstein, 24321 Panker, ☏ 043 81/94 16, www.forsthaus-hessenstein.com, Mi bis Sa 17:30 bis 22:00, So 12:00 bis 22:00, meistens ausgebucht, Reservierung erforderlich, kein Wickeltisch und Kinderstuhl

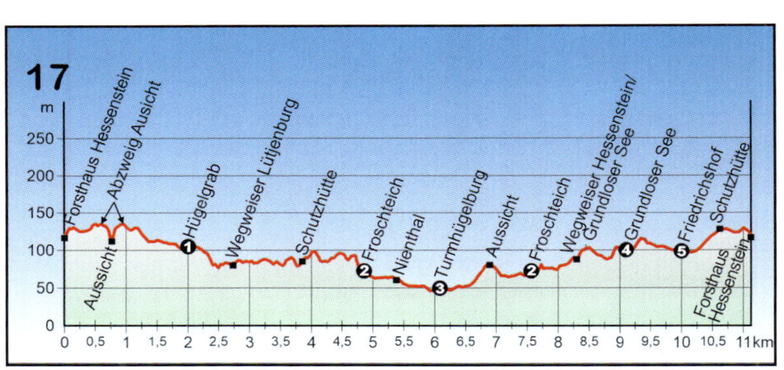

Der Start beim Forsthaus Hessenstein hat den Vorteil, dass Sie bereits auf der Höhe loslaufen. Zum achteckigen ⌘ **Turm Hessenstein** auf dem 128 m hohen Pilsberg sind es nur noch wenige Meter aufwärts.

Die Sicht vom Fuß des Turmes wird durch Bäume behindert.

Zunächst muss an der engen Drehtür im Innern ein Obolus von € 1 entrichtet werden, bevor die 111 Stufen der wunderschönen, filigranen Gusseisentreppe, die sich den 17 m hohen Turm hinaufschrauben, erklommen werden können. Von oben schauen Sie zwischen dem Zinnenkranz hinaus über die Hohwachter Bucht bis zu den dänischen Inseln, im Westen nach Kiel, im Osten nach Fehmarn und im Süden vom Selenter See bis zum Bungsberg. Im Frühjahr zur Rapsblüte ist ein Foto von dem grün-gelben Flickenteppich mit dem Blau des Meeres der Schleswig-Holstein-Klassiker. Die eiszeitlichen Formen bilden ein interessantes und bewegtes Bodenrelief – speziell die mächtigen Stauchmoränen des Hessensteins und Strezerberges. Ein Highlight ist ebenfalls das Lichtspiel der farbenprächtigen Bleiglasfenster, insbesondere wenn die Sonne ins Treppenhaus scheint.

Hessenstein

Der Aussichtsturm in romantisierender Neogotik aus dem 19. Jh. verdankt seine Entstehung einer Liebesgeschichte. Der schwedische König Friedrich von Hessen-Kassel schenkte seiner Mätresse, einem Hoffräulein seiner Frau, die ostholsteinischen Güter Panker und Klamp 1739, Schmoel und Hohenfelde 1741 als finanzielle Absicherung für die unehelichen Kinder. Die Güter wurden später zur Herrschaft Hessenstein ernannt.

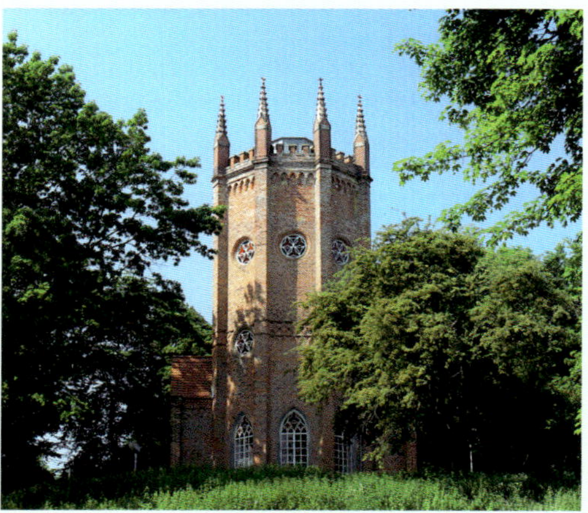

Der Aussichtsturm Hessenstein

Muza Store, im Erdgeschoss des Turmes, 24321 Panker, 01 70/718 06 42, www.muza.store.de, Mai bis Okt Do bis Sa 11:00 bis 18:00, Wohnaccessoires und Deko

Vom Turm zieht sich der Weg Richtung Lütjenburg nach Süden am Waldrand entlang langsam aufwärts. Linker Hand können Sie über die Felder noch einen herrlichen Weitblick über die Hohwachter Bucht aufnehmen, bevor Sie nach rechts in den Wald eintauchen (km 0,4). Nicht weit entfernt lohnt ein Schlenker am Wegweiser.

Gehen Sie geradeaus zum westlichen Waldrand, wo sich über die Felder ein schöner Weitblick Richtung Kiel auftut (400 m hin und zurück).

Zurück am Wegweiser setzen Sie Ihren Weg Richtung Lütjenburg fort. Auf und ab geht es immer geradeaus durch den Mischwald an verträumten kleinen Teichen vorbei. Am nächsten Wegweiser (km1,8) ändern Sie die Richtung und biegen nach rechts Richtung Fresendorf ab.

⌘ Ein paar Meter weiter bietet sich beim nächsten Abzweig nach links ein Schlenker zu den Ruinen eines Hügelgrabes aus der Jungsteinzeit (km 2) an. Einen Steinwurf entfernt führt ein Trampelpfad vom Waldweg hinauf. Wegen der länglichen rechteckigen Form werden sie auch als Lang- bzw. Riesenbetten bezeichnet.

Unterhalb des **archäologischen Denkmals ❶** ist zwischen den Bäumen Ihr Weg nach Fresendorf zu sehen, zu dem Sie wieder hinabsteigen. Er quert den Wald von Ost nach West. An jeder Gabelung orientieren Sie sich nach links, bis Sie wieder auf einen Wegweiser (km 2,7) stoßen. Nun geht es wieder Richtung Lütjenburg. An unmarkierten Abzweigen halten Sie sich geradeaus. Linker Hand türmen sich die Stauchmoränen des Strezerberges auf und Sie passieren den Grabhügel Giekau.

Sobald Sie die Fahrstraße zum Strezerberg erreichen, liegt nahebei am Fuß des Berges die Schutzhütte (km 3,9). Danach wechseln Sie Richtung Nienthal entlang des Plattenweges auf die Ostseite des Waldes hinüber. Am Waldrand (km 4,7) wird nach rechts dazu wieder Lütjenburg angezeigt. Gleich zwei Wege biegen hier ab. Sie nehmen den linken zum 200 m entfernten Aussichtsplatz am **Froschteich ❷**, auf dem häufig auch Schwäne majestätisch ihre Kreise ziehen. Durch das vegetationsreiche Nienthal mit Orchideen- und Obstwiesen führt die Wanderung hinab Richtung Lütjenburg/Nienthal Scheune zum **Eiszeitmuseum** (km 5,3). Eiszeit, Klimaentwicklung und Erdgeschichte werden in dem neuen Museum spannend erläutert und es lässt Sie die Entstehung der Landschaft besser verstehen.

⌘ Eiszeitmuseum, Nienthal 7, 24321 Lütjenburg, ☏ 043 81/41 52 10, www.eiszeitmuseum.de, Mai bis Sep Mo bis So 10:00 bis 18:00, Okt bis April Di bis So 11:00 bis 17:00, € 4, Kind € 2, viele Aktionen wie Bernsteinschleifen für Kinder, Vorträge und geführte Wanderungen in die Umgebung

✕ kleines Café im Museum

Auf der Fahrstraße gelangen Sie zur **Turmhügelburg ❸** (km 6,1). Der weithin sichtbare Holzkomplex im Tal ist die Rekonstruktion einer mittelalterlichen Burganlage, wie sie hier im 13. Jh. zahlreich von deutschen Siedlern angelegt worden sind.

⌘ Turmhügelburg, Nienthal, 24321 Lütjenburg, www.turmhuegelburg.de, April bis Okt Di bis So 11:00 bis 17:00, im Sommer tgl., Führungen Mai bis Sep Mi, Sa 15:00 und So 11:00, Spende von € 2/Pers. erbeten, einige interessante und unterhaltsame Mittelalterveranstaltungen

Gegenüber dem Haupteingang treten Sie vom P Parkplatz aus den Rückweg an. Am Wegweiser (km 6,4) geht es nach Darry rechts vom Bach entlang weiter. Der Weg über die Orchideenwiesen ist jedoch stark verwildert. Daher nehmen Sie den breiten Grasweg aufwärts und folgen ✎ dem blauen Kreis 1 und 4 nach links. Oben entschädigt die **Aussicht** (km 6,8) von der Moräne hinüber zu den Dächern von Darry und im Südosten nach Lütjenburg. Unten gehen Sie nach rechts am ⊼ Rastplatz vorbei. An der nächsten Verzweigung hilft wieder ein Wegweiser zum **Froschteich** (km 7,5) weiter. Am Waldrand (km 7,7) schließt sich der Kreis durch das Nienthal. Sie marschieren nun Richtung Hessenstein am Ostrand des Waldes weiter. Sobald Sie am zweiten Wegweiser stehen, ist die nächste Waldkreuzung nur wenige Schritte entfernt. Linker Hand taucht der **Grundlose See ❹** (km 9,1) zwischen den Bäumen auf.

Der dunkle, geheimnisvoll wirkende See spiegelt den ans Ufer drängenden Wald wider. Der See entstand nach der Eiszeit inmitten einer Moorlandschaft und verfügt daher über keinen festen Grund. Das Betreten ist lebensgefährlich, aber eine ⊼ Bank lädt zum Verweilen ein.

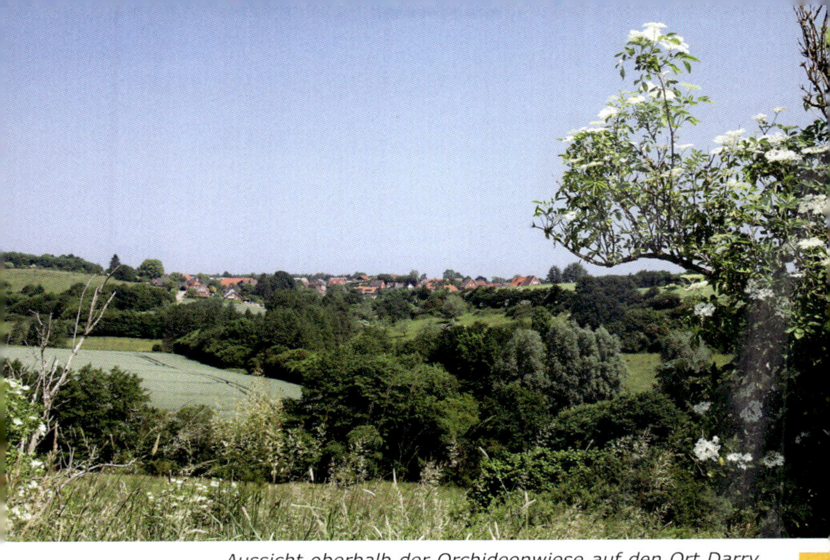

Aussicht oberhalb der Orchideenwiese auf den Ort Darry

Vom Seeufer gehen Sie die paar Schritte zur Kreuzung mit dem Betonplattenweg zurück und steigen nun geradeaus steil aus dem Wald heraus. Der anschließende Feldweg windet sich durch die Hügel hinab nach **Friedrichshof** ❺ (km 10), einem schönen alten Bauernhof. Schräg nach links über den Hof steht wieder ein Wegweiser. Richtung Lütjenburg wartet ein letzter, kräftiger Anstieg.

Oben an der **Schutzhütte** (km 10,5) können Sie noch einmal den grandiosen Ausblick über die Hohwachter Bucht auf sich wirken lassen. Am Waldrand entlang und an der alten, urigen Eiche vorbei kommen Sie zurück zum Hessenstein und Forsthaus.

☺ Eines der schönsten Ausflugsziele Schleswig-Holsteins ist das dazugehörige Gut Panker, das vom Hessenstein nur durch den Großen Buchenwald getrennt wird. Das historische Dörfchen mit Herrenhaus und Kirche hat eine gut 500 Jahre alte Geschichte. Adel, Antikes, Kutschen, Kunst, Trakehner und die gute Sterneküche der „Ole Liese" drücken dem Gut heute ihren Stempel auf.

Gut Panker, 24321 Panker, ☏ 043 81/70 71, www.gut-panker.de

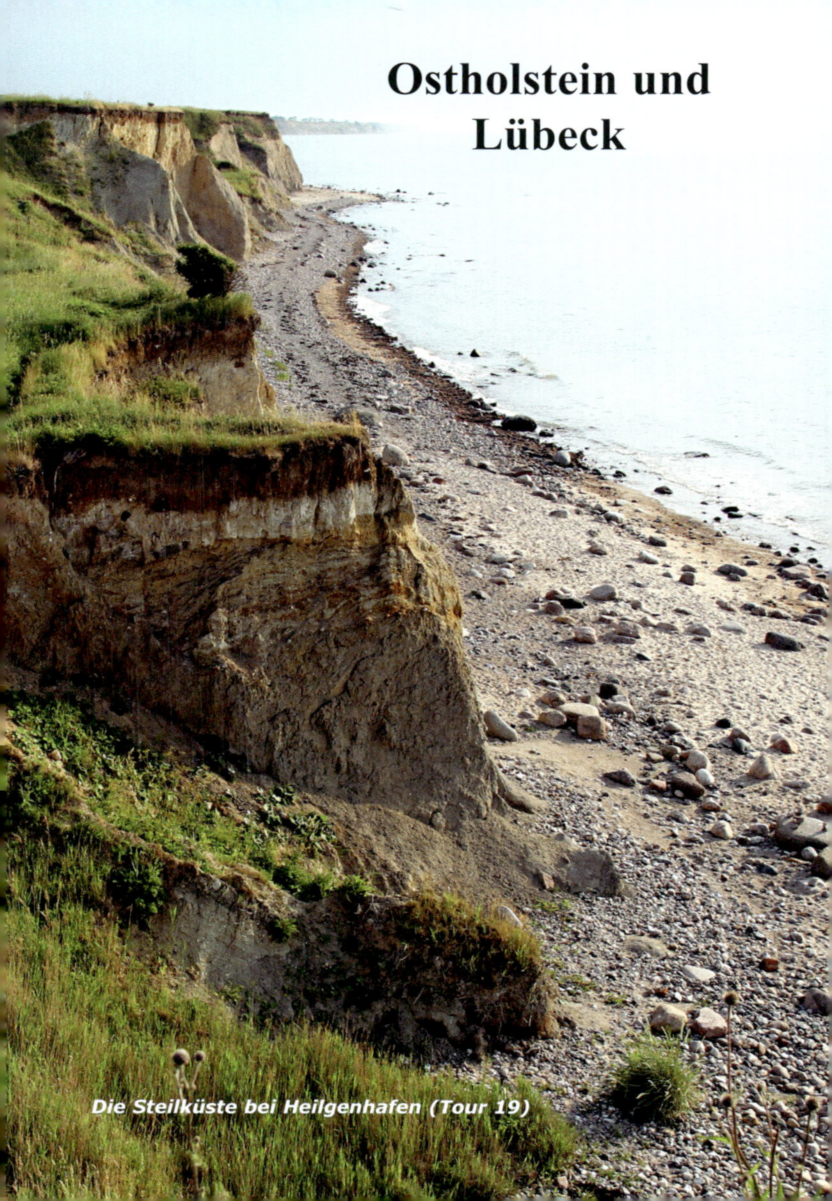

Die Steilküste bei Heilgenhafen (Tour 19)

18 Hohwachter Bucht

Tour für Familien, Naturfreunde und Genießer 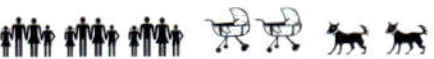

Die Tour ist in zwei Teile aufgeteilt. Zunächst wird das Natur- und Vogelschutzgebiet „Kleiner Binnensee und angrenzende Salzwiesen“ umrundet. Dann geht es in das kleine, aber sehr grüne Hohwacht, eine Perle unter den Ostseebädern. Auf dem Spaziergang entlang der Küste überraschten die grandiosen Panoramablicke.

Start/Ziel: Hafen in Lippe, GPS N 54°20.116' E 010°38.716'

17,3 km

4 Std. 30 Min.

102 m/102 m

0-34 m

Wegweiser, Infotafeln, stellenweise unmarkiert

Die Tour erfordert nur aufgrund der Länge etwas Durchhaltevermögen auf den sonst fast flachen Strecken auf den Strand-, Deich- und Ortswegen. In Hohwacht ein kurzer Anstieg zur Aussichtsplattform auf der Steilküste. Zunächst starten Sie auf sandigen Pfaden durch das Naturschutzgebiet, doch hauptsächlich umfasst die restliche Route ab Behrensdorf gepflasterte und asphaltierte Etappen.

Sitzbänke: Lippe Hafen, Hohwacht und Naturschutzgebiet (km 7,9)

Lippe Hafen (km 0, km 11), Behrensdorf (km 4,9) und zahlreiche in Hohwacht (km 12,9 bis 16)

WC Naturschutzgebiet (km 1,6), Behrensdorf Strand (km 3,7) und mehrere in Hohwacht (ab km 13,3)

Hohwacht (km 13,1), Behrensdorf (km 4,9)

kilometerlang Strand entlang der Küste (Strandpromenade Hohwacht gebührenpflichtig)

Spiel- und Wassersportmöglichkeiten Hohwacht und Behrensdorf, Vogelbeobachtung (Fernglas einpacken), Spielecke Hafen Lipper Allerlei

kurze Treppen zum Dünensteg, großer Treppenaufgang an der Hohwachter Steilküste (kann umgangen werden), Strandweg zurück nach Lippe wahlweise

kein Trinkwasser, Auslauf am Naturstrand zwischen Lippe und Hohwacht und bei Behrensdorf (km 4,5) und Feldwege (km 7,2 bis km 11)

P Parkplatz beim Campingplatz in Lippe (gebührenpflichtig, € 2/Tag), GPS N 54°20.054' E 010°38.716', oder Parkplatz Behrensdorfer Weide, 800 m nordwestlich von Lippe an der Küste, GPS N 54°20.480' E 010°38.565'

 Mit der Linie 350 Plön-Lütjenburg-Hohwacht werktags stdl. (Haltestelle „Strandstraße"), So nur Lütjenburg-Hohwacht alle 2 Std. Alternativ in Hohwacht starten.

Vom **Hafen** in **Lippe** laufen Sie auf der Deichkrone nach Norden. Wenig später müssen Sie zur Hafenzufahrt absteigen. Ein paar Schritte nach links und gleich wieder nach rechts zwischen urigen Bauernhäusern hindurch wandern Sie über einen Feldweg zum P Parkplatz **Behrensdorfer Weide** (km 0,8). Geradeaus über die Stellfläche kommen Sie zum Wegweiser am Anfang des Strandweges. Er führt entlang des Strandwalls durch das Natur- und Vogelschutzgebiet „**Kleiner Binnensee**" auf den Leuchtturm am Horizont zu.

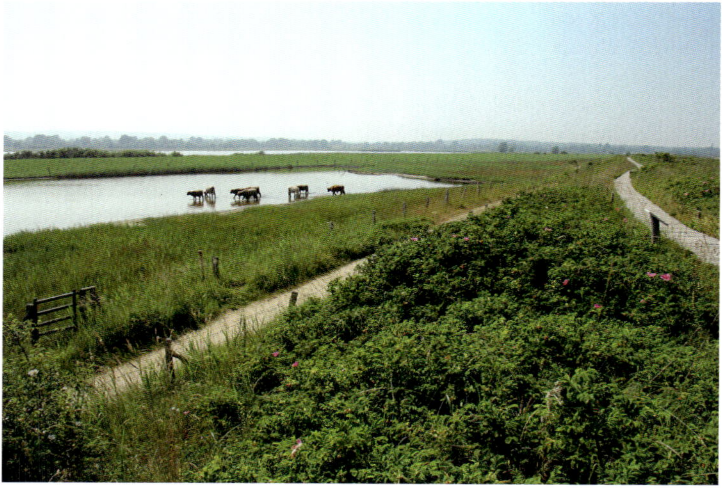

Auf dem Dünengürtel im Naturschutzgebiet wurde zusätzlich für ein Stück ein aussichtsreicher Plankenweg angelegt

Kleiner Binnensee und angrenzende Salzwiesen

Im Sommer bewacht ein Naturschutzwart des NABU das Mosaik aus Strandseen, Salzrasen, Trockenrasen, Sumpfwiesen, Dünen und Stränden. Die NABU-Station versteckt sich am Anfang des Küstenweges abseits im dichten Schilf. Auf den angrenzenden „Wilden Weiden" des Stiftungslandes Schleswig-Holstein grasen robuste, zottelige Vierbeiner. Die schottischen Hochlandrinder sorgen so als tie-

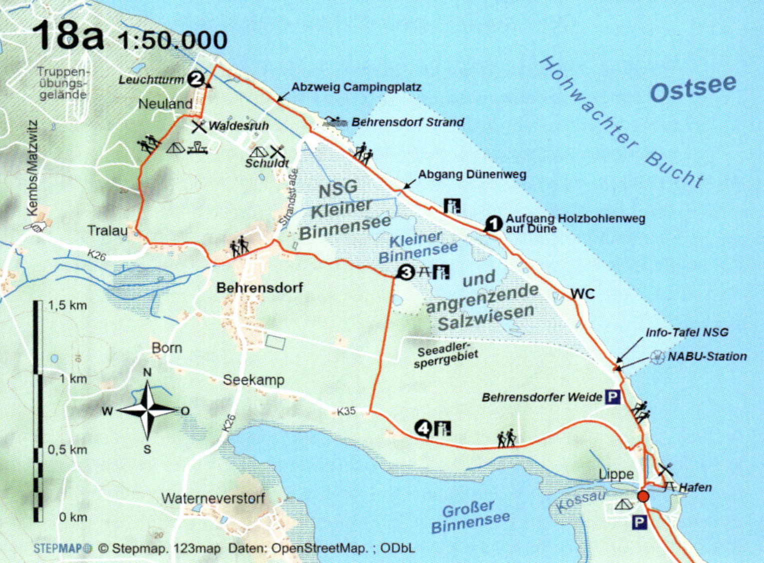

rische Landschaftspfleger für die Erhaltung der biologischen Vielfalt. 10 hölzerne Übergänge ermöglichen einen Zugang zum Naturstrand. Zwischen 6 und 7 bietet ein **Holzbohlenweg ❶** auf dem Dünengürtel einen herrlichen Rundblick über das Gebiet. (Vom 1.4. bis zum 30.9. ist das Betreten des Strandabschnitts entlang des Bohlenweges verboten.) Das Gekreische der Vögel im nahen Kleinen Binnensee ist manchmal fast ohrenbetäubend. Die flachen Gewässer locken vor allem Watvögel wie Kiebitz, Austernfischer und Säbelschnäbler an. Mit etwas Glück steigt gerade ein riesiger Schwarm Gänse in die Luft – ein imposantes Schauspiel.

Der Küstenweg kreuzt den Hauptzugang zum **Behrensdorfer Strand** (km 3,7) und knickt am Zaun des Truppenübungsgeländes zum **Leuchtturm Neuland ❷** (km 4,7) in der Gemeinde Behrensdorf ab. Der rote Backsteinturm von 1918 mit metallener Kappe wies 80 Jahre lang Seefahrern den Weg. Heute nutzt ihn die Bundeswehr als Signalturm. Leider ist die Aussichtsplattform nur an zwei Tagen im Jahr zugänglich, wenn im Juli und August der Leuchtturmtag gefeiert wird.

✕ Waldesruh, Neuland 5, 24321 Behrensdorf, ☏ 043 81/85 55, info@camp-waldesruh.de, www.camp-waldesruh.de, Ende März bis Oktober Fr 17:30 bis 21:00, Sa/So 11:30 bis 14:00 und 17:30 bis 21:00, fangfrischer Fisch nach Saison, Kinderstuhl und Wickeltisch vorhanden

♦ Restaurant/Imbiss am Reiterhof, Campinganlage Schuldt, Neuland 3, 24321 Behrensdorf, ☏ 043 81/41 65 45, info@schuldt-behrensdorf.de, www.schuldt-behrensdorf.de, März bis Okt tgl. außer Mi 11:00 bis 14:00 u. 17:30 bis 21:00, lassen Sie am heißen Tisch das Menü mal vor Ihren Augen zubereiten, Kinderstuhl und Wickeltisch vorhanden

SB-Shops auf den Campingplätzen, März bis Okt Waldesruh am Wochenende und feiertags, Schuldt tgl.

Vor dem Restaurant **Waldesruh** biegen Sie nach rechts Richtung Matzwitz ab. Im Wald gehen Sie an der Kreuzung nach links und stets geradeaus weiter bis zur Kreisstraße K26 zwischen Matzwitz und Behrensdorf. Nach links in **Behrensdorf** (km 6,5) säumen reetgedeckte Katen die Dorfstraßen. Die bewirtschafteten Bauernhöfe sind beliebte Urlaubsdomizile bei Naturfreunden und Reitern. Im Ort folgen Sie nun der Ausschilderung Richtung Strand. Schließlich fordert Sie ein Wegweiser auf, nach rechts den Weg nach Lippe einzuschlagen. Der schattige Redder schlängelt sich westlich des Naturschutzgebietes zur **Aussichtsplattform ❸** (km 7,9).

Von dieser Seite trennen Sie große Wiesenflächen vom Wasser des Kleinen Binnensees. Ein Fernglas leistet gute Dienste beim Beobachten der Wasservögel, die zu Hunderten das Grün und die Gewässer bevölkern.

Sie kehren dem lebhaften Treiben den Rücken zu. Geradeaus kommen Sie zur Kreisstraße K35 zwischen Behrensdorf und Hohwacht. Vom Radweg eröffnen sich gute Ausblicke auf den **Großen Binnensee ❹**. Im Norden breitet sich das Naturschutzgebiet Kleine Binnenseen mit dem Sperrgebiet für Seeadler aus. In **Lippe** (km 10,8) haben Sie auf dem Deich beim Hafen den besten Überblick. Der Fluss Kossau rechter Hand verband einst den Großen Binnensee mit der Ostsee. Linker Hand machen die Fischer auf der Nordseite der Lippemündung fest. Daneben finden Sportboote einen Platz. Vorne auf den Dünen schaut das weithin bekannte Fischrestaurant Klabautermann über die Hohwachter Bucht.

✕ Klabautermann, 24321 Lippe/Behrensdorf, ☏ 043 81/82 50, mail@restaurant-klabautermann.de, www.klabautermann-lippe.de, tgl. 12:00 bis 20:00, nach 16:00 wegen großer Nachfrage besser vorbestellen, Fisch frisch aus der Ostsee vom Lipper Fischer, aber auch Holsteiner Spezialitäten wie Katenschinken und Sauerfleisch, Portionen reichlich und gut, kein Wickeltisch, Hundebar

♦ Hafenimbiss Lipper Allerlei, Lippe 5, 24321 Behrensdorf, ☏ 043 81/915 98 94, 01 73/971 26 22, www.klabautermann-lippe.de, Winter Fr bis So 12:00 bis 18:00, sonst Di bis So 11:00 bis 18:00, Fr 13:00 frischer Räucherfisch, empfehlenswert die Fischplatten, Kinderstuhl und Wickeltisch vorhanden, Kinderspielecke, uriges Ambiente mit viel zu schauen

♦ Imbiss Monika Krabbe, Camping Lippe, Lippe 1003, 24321 Behrensdorf, April bis Okt

Fisch direkt vom Kutter kaufen: Fischer Dirk Hohmann mit Kutter LIP 3 hat möglichst jeden Tag ab etwa 9:00 Butt und Dorsch im Angebot, im Frühjahr auch Hering.

Auf dem aussichtsreichen asphaltierten Deichweg – links die Hohwachter Bucht, rechts das Naturschutzgebiet „Kronswarder/Großer Binnensee" und im Hinterland mächtige Moränen – rückt **Hohwacht** schnell näher. Als sich die Ortschaft nach dem Zweiten Weltkrieg vom verschlafenen Fischerdorf zu einem aufstrebenden Ostseebad entfaltete, bestimmten die schlauen Gemeinderatsmitglieder, dass kein Haus höher als die Baumkronen gebaut werden durfte. So duckt sich Hohwacht unter das grüne Blätterdach. Kurz davor behauptet sich das **Genueser Schiff ❺** (km 12,9) als einsamer Vorposten am Strand. Das Gourmetrestaurant punktet nicht nur mit guter Küche, sondern auch mit Kultur. Den Kaffee können Sie im Strandkorb mit Ausblick genießen.

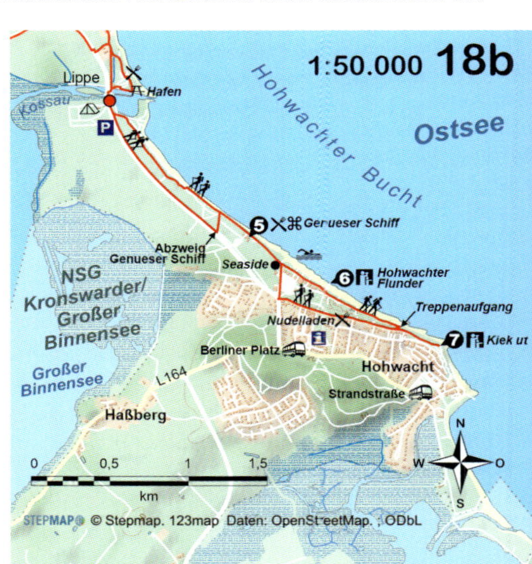

Genueser Schiff, Seestr. 18, 24321 Hohwacht, ☏ 043 81/75 33, hotel@genueser-schiff.de, www.genueser-schiff.de, Restaurant und Bistro tgl. außer Di 12:30 bis 16:00 u. 17:30 bis 20:30, Strandkorbcafé 1.4. bis 31.8. tgl. 12:30 bis 20:30, Handtuch für nasse Hunde

⌘ Kunstausstellungen im und am Genueser Schiff, Lesungen unter dem Motto „Literatur am Meer“

Ein Stück weiter schwebt die ⌘ **„Hohwachter Flunder“ ❻** (km 13,5) an Seilen vor der Strandpromenade über dem Meer. Die einzigartige, fächerartige Aussichtsplattform wurde von ihrer Form her einem Plattfisch nachempfunden. Die Topaussicht des Tages bietet aber der **Hohwachter Ausguck „Kiek ut“ ❼**. Dazu setzen Sie Ihren Weg auf der unteren Strandpromenade fort. Sie endet am Treppenaufgang zur oberen Strandpromenade auf der Steilküste. Nach links am Landvorsprung schiebt sich die Plattform (km 14,4) über die Steilküste hinaus – ein grandioser Rundblick über die gesamte Hohwachter Bucht.

Buggys nehmen bereits ab der Flunder den oberen Steilküstenweg.

Hohwachter Bucht Touristik, Berliner Platz 1, 24231 Hohwacht, ☏ 043 81/905 50, www.hohwachterbucht.de, Okt bis Mai Mo bis Fr 9:00 bis 16:00, Juni Mo bis Fr 9:00 bis 17:00, Sa 10:00 bis 14:00, Juli bis Sept werktags halbe Std. länger bis 17:30

Tipp: Nudelladen, Möwenweg 10, 24341 Hohwacht, ☏ 043 81/40 59 50, Ostern bis Okt tgl. außer Di 12:00 bis 21:00, selbst gemachte Nudeln, Auswahl auch für Vegetarier, Kinderstuhl und Wickeltisch vorhanden

Der waldreiche obere Steilküstenweg fällt gemächlich in den Ort hinab ab. Im Ortskern wechseln Sie an der Hauptstraße (km 15,5) nach rechts wieder auf die untere Strandpromenade. Zurück nach **Lippe** geht es am Strand entlang

Strecke am Dünengürtel stellenweise sandig, steinig oder mit Strandpflanzen zugewuchert. Für Buggys wird das Schieben etwas mühselig. Sie können gleich am Ende der Strandpromenade oder auch unterwegs auf den Deichweg ausweichen.

19 Heiligenhafen

Tour für Familien und Naturfreunde 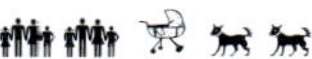

Eine abwechslungsreiche Tour auf den vorgelagerten Wardern, die Sie in die verschiedenen Naturräume der Küste einführt, aber auch mit dem modernen Flair eines Seebades und einer lebendigen, sehenswerten Altstadt bekannt macht.

Start/Ziel: Fischerstatue am Binnensee, Yachthafen, Heiligenhafen, GPS N 54°22.480' E 010°58.755'

12,8 km

3 Std. 15 Min.

51 m/51 m

0-13 m

Radwegweiser, teilweise unmarkiert, Orientierung einfach, Infotafeln

Vom Binnensee in Heilgenhafen laufen Sie kurz durch das Hafengebiet zum lang gestreckten Naturschutzgebiet Graswarder, wo Sie Strand und sandige Fahrstraße erwarten. Zurück an der gepflasterten Strandpromenade zieht sich die Strecke bis hinter die Hochhäuser des Ostsee-Ferienparks. Naturstrand und der Steilküstenpfad bieten entspannte Spaziergänge mit wunderbaren Panoramen zu jeder Jahreszeit. Zum Abschluss präsentiert sich der Binnensee im urbanen Flair mit seinen Kunstinstallationen. So halten sich Sand- und feste Wege die Waage. Im Sommer hilft nur ein Bad oder eine Meeresbrise gegen die Hitze.

viele Sitzgelegenheiten rund um den Binnensee, Rastplatz an der Steilküste (km 8,7)

zahlreiche Einkehrmöglichkeiten rund um Binnensee und Innenstadt

WC mehrere rund um den Binnensee

Heiligenhafen

kilometerlang Strand entlang der Küste (gebührenpflichtig entlang des Strandweges)

mehrere Spielplätze, Minigolf, Spiel- und Wassersportmöglichkeiten entlang der Küste, Spielewelt „Schatzinsel" im Aktiv Hus, Erlebnisbrücke, Meerwasserwellenbad, Aussichtsturm Graswarder, Vorsicht an der Abbruchkante der Steilküste!

knapp 1 km über Naturstrand, Steilküstenpfad zu schmal

kein Trinkwasser, Auslauf am Naturstrand (km 1,2, km 6,4), Hundestrand (km 4,3) und Rückweg zum Binnensee (km 9), längere Strecke Plattenweg, Erlebnisbrücke und Aussichtsturm Graswarder für Hunde verboten

P mehrere ausgeschilderte Parkplätze: am Start/Ziel, Am Strande, Yachthafen, GPS N 54°22.462' E 010°58.737', oder

Steinwarder GPS N 54°22.721' E 010°58.684'; alternativ beim Ostsee-Ferienpark starten: Eichholzweg, GPS N 54°22.682' E 010°57.290' oder GPS N 54°22.694' E 010°56.938'

 Oldenburg (Holstein) ist gut mit dem Zug und Bus erreichbar. Von dort fährt die Buslinie 5811 Oldenburg-Fehmarn mehrmals tgl. nach Heiligenhafen (Haltestelle „Kattsund", 250 m Fußweg zur Fischerstatue am Binnensee).

Heiligenhafen

Heiligenhafen lebt hauptsächlich vom Tourismus und der Fischerei. Gleich auf den ersten Blick ist dies offensichtlich. Während am anderen Ende des Binnensees der massige Riesen-Betonklotz des Ostsee-Ferienparks wie eine weiße Wand den Horizont begrenzt, breiten sich rechter Hand der Yacht- und Fischereihafen am Fuße der Altstadt aus. Schon vor dem Frühstück ab 7:30 können Sie frischen Fisch direkt vom Kutter kaufen. Nachmittags steuert Deutschlands größte Hochseeangelflotte den Hafen an.

Bereits in früheren Zeiten spielten die Fischer eine wichtige Rolle. Das Denkmal vom Fischer Gottlieb Friedrich Stüben am Ostende des Binnensees erinnert an seinen mutigen Einsatz, als er preußische Soldaten unter dem Kommando von Xaver von Mellenthin an dänischen Kriegsschiffen vorbei durch den Fehmarnsund schleuste. Durch diesen Überraschungsangriff konnten die dänischen Besatzer auf Fehmarn besiegt werden.

Von der ⌘ **Fischerstatue** am Binnensee spazieren Sie entlang des Yachthafens auf die vorgelagerte Landzunge hinüber. Vom Dünengürtel (km 0,7) am Badestrand erstreckt sich die 435 m lange **Erlebnis-Seebrücke ❶** weit in die Ostsee hinein. Das architektonische Meisterwerk mit Spielgeräten, Fotoausstellung über Heiligenhafen, kunstvoll gestalten Liege- und Sitzbereichen, Badedeck und Meereslounge ermuntert zu einem längeren Aufenthalt. Der grandiose Fernblick über die Küste und hinein in den Fehmarnsund ist inklusive.

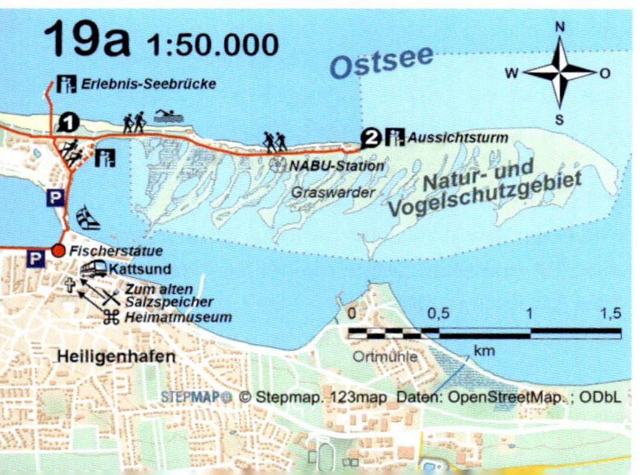

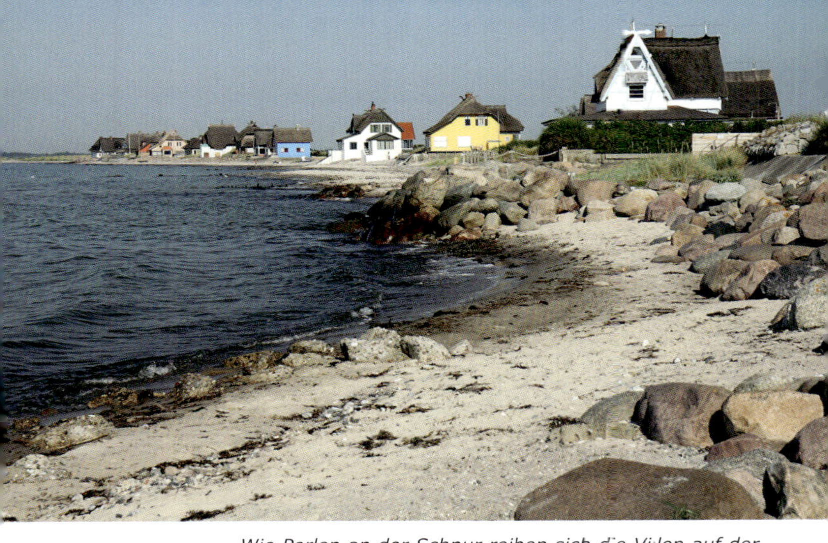

Wie Perlen an der Schnur reihen sich die Villen auf der Halbinsel Graswarder aneinander

☺ Folgen Sie auf der Landzunge weiterhin der Wasserkante des Yachthafens zur neuen Aussichtsplattform. Ein Bohlenweg führt von dort weiter auf die Graswarderfahrstraße. Die Erlebnis-Seebrücke besuchen Sie dann auf dem Rückweg vom Naturschutzgebiet.

Nach Osten am Dünengürtel entlang kommen Sie zur Fahrstraße (kaum Verkehr) auf die Halbinsel ❀ **Graswarder,** zu der Sie jetzt einen Abstecher machen können. Die Aneinanderreihung von hakenförmigen Nehrungen und Lagunen, die an einen Haarkamm denken lässt und ständig weiter nach Osten wächst, können am besten vom Aussichtsturm ❷ (km 3) am Ende der Fahrstraße erspäht werden. Die Strandwälle und Salzwiesen heißen an die 40 Vogelarten zum Brüten und Rasten willkommen. Das Natur- und Vogelschutzgebiet ist gesperrt, kann jedoch im Rahmen von Führungen des NABU erkundet werden. Zurück geht es auf demselben Weg, oder Sie machen eine Strandwanderung entlang der historischen, teilweise reetgedeckten Fachwerk- und Holzhäuser. Nach Sylt zählen die schmucken Strandhäuschen zu den teuersten Immobilien Schleswig-Holsteins.

Aussichtsturm, Ostern bis Okt tgl. 11:00 bis 18:00 gegen Spende

Naturkundliche Führungen im Graswarder, Ostern bis Okt tgl. 10:30 und Juni bis Aug zusätzlich 15:00, Infos: NABU-Station, Graswarder, 23774 Heiligenhafen, 043 62/69 47, info@graswarder.de, www.graswarder.de

Zurück an der **Seebrücke** (km 4,7) erwandern Sie nach Westen auf der gepflasterten Promenade die Landzunge Steinwarder, die zum Meer hin den Binnensee abschließt. Allerdings nicht vollständig – ein Zugang besteht noch. Auf dem Landvorsprung (km 6,5) hinter den Hochhäusern des **Ostsee-Ferienparks** öffnet sich die Landschaft.

Der großartige **Ausblick ❸** erfasst im Osten die Küste zurück bis zur Fehmarnsundbrücke. Nach links schweift der Blick über die Wiesen und ein verschilftes Anhängsel des Binnensees.

An der **Strandbar Sunset** (km 7) empfängt Sie der steinige Naturstrand (pfadlos). Ihr nächstes Ziel, der Leuchtturm, winkt in der Ferne. Wie der Name verrät, beginnt am Hohen Ufer die **Steilküste** (km 7,7). Vor dem beachtlichen Steilabbruch steigen Sie zum ein paar Meter erhöht liegenden befestigten Weg hinauf. Ein paar Schritte nach links finden Sie rechter Hand die Zufahrt zum Leuchtturm.

Tourengänger mit Buggy lassen den Leuchtturm rechts liegen und kehren auf dem Weg um den Binnensee herum zum Ostsee-Ferienpark zurück.

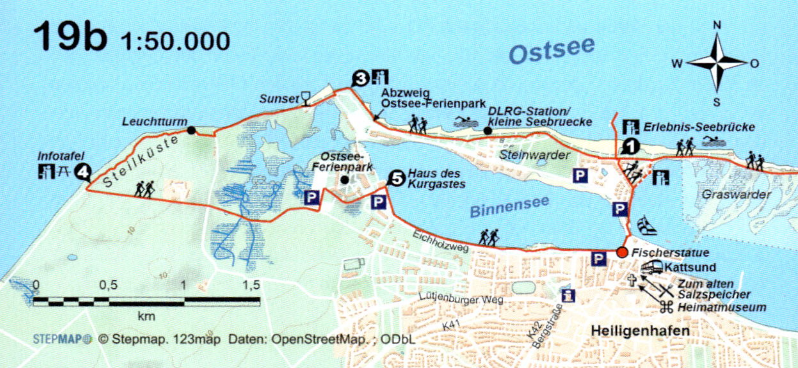

Rechts vom **Leuchtturm** (km 7,9) beginnt hinter einem Gatter (Infotafel) der fußbreite Pfad auf dem Steilufer durch den dichten Bewuchs des Kalttrockenrasens – ein besonderes Relikt der Eiszeit.

Achten Sie darauf, dass Sie der bröckligen Abbruchkante nicht zu nahe kommen.

Auf der Strecke über das eindrucksvolle Steilufer gewinnen Sie allmählich einen umwerfenden Fernblick über die Hohwachter Bucht. Kurz hinter dem **Rastplatz mit Infotafel ❹** (km 8,7) weist ein Schild auf den Feldweg zurück nach Heiligenhafen hin. Gemächlich bergab marschieren Sie auf den **Ostsee-Ferienpark** zu. Vom Parkplatz (km 10,3) vor den Hochhäusern schlängeln Sie sich entlang der Anlage zum **Binnensee ❺** (km 11) beim Haus des Kurgastes. Entlang seines parkartigen Südufers mit einigen Kunstwerken zu Wasser und zu Land als Blickfang wird der Ausgangspunkt an der **Fischerstatue** erreicht. Vielleicht machen Sie noch einen Abstecher in die Altstadt, in der viele Straßenzüge und der Markt in ihrer ursprünglichen Form erhalten geblieben sind. Beachtenswert sind vor allem der alte Salzspeicher, das Rathaus und die 750 Jahre alte Kirche mit Treppengiebelturm.

Touristeninformation Heiligenhafen, Bergstr. 43, 23774 Heiligenhafen, ☏ 043 62/907 20, tourist-info@ts-heiligenhafen.de, www.heiligenhafen-touristik.de, Winter Mo bis Fr 9:00 bis 16:00, Saison Mo bis Fr 9:00 bis 17:00, Sa 10:00 bis 15:00, So 12:00 bis 15:00, Juli/Aug 9:00 bis 18:00, Sa 10:00 bis 15:00, So 11:00 bis 15:00

zahlreiche Einkehrmöglichkeiten, Tipp: Steak- und Pfannkuchenhaus „Zum alten Salzspeicher", Hafenstr. 2, 23774 Heiligenhafen, ☏ 043 62/28 28, info@salzspeicher.com, www.salzspeicher.com, außer Mi u. Do 17:00 bis 21:00, Sa/So zusätzlich 12:00 bis 15:00, urige Gaststätte im historischen Salzspeicher anno 1587, schmackhafte Steaks und leckere Pfannkuchenkreationen

⌘ Heimatmuseum Heiligenhafen, Thulboden 11a, 23774 Heiligenhafen, ☏ 043 62/38 76, www.heimatmuseumheiligenhafen.de, April bis Okt Di bis Fr und So 15:00 bis 17:00, Eintritt frei

20 Kloster Cismar

Tour für Familien und Kulturbegeisterte

Auf dieser Tour treffen sich die Gegensätze. Einerseits reißt Sie der lebhafte Betrieb eines modernen Seebades mit, andererseits können Sie die Stille des Klosters in sich aufnehmen, die nur einmal im Jahr zum Klosterfest unterbrochen wird. Erleben Sie Strandvergnügen entlang der Küste und erkunden Sie in Cismar ausgiebig Natur und Kultur.

→ Start: Parkplatz Yachthafen Grömitz, Königsredder, GPS N 54°08.332' E 010°56.708'; Ziel: Haus der Natur, Bäderstraße 26, Cismar, GPS N 54°11.293' E 010°58.952'

9,4 km

2 Std. 30 Min.

↑↓ 55 m/61 m

0-13 m

(nicht immer) Radwegweiser „Cismar", aber einfach zu finden

Von der kilometerlangen gepflasterten Strandpromenade in Grömitz übernehmen sandige Deich- und Feldwege die Führung bis Cismar. Selbst im Hochsommer sollten Sie die Tour wagen, falls Sie die Badehose im Gepäck haben. In Cismar sorgt ein kühles Getränk im schattigen Klostergarten für Erfrischung.

viele Sitzbänke und Rastplätze in Strandnähe, Rastplatz (km 7,4)

WC mehrere bis Lensterstrand auf den ersten 4,7 km

zahlreiche Einkehrmöglichkeiten bis Lensterstrand, am Ziel in Cismar

zahlreich in Grömitz, Lensterstrand (km 4,7), Bäcker in Cismar

kilometerlang Strand entlang der Küste (gebührenpflichtig), Erlebnis Meerwasser-Brandungsbad Grömitzer Welle

Zoo in Grömitz, viele Spiel- und Wassersportmöglichkeiten entlang der Küste, Hochseilgarten, Minigolf und Spielplatz in Lensterstrand, viel Interessantes für Kinder im Haus der Natur, Strandführungen, Naturlehrpfad im Klosterpark

einfach für Buggys

kein Trinkwasser, Leinenpflicht auf der gepflasterten Kurpromenade und dem Deichkronenweg, Hundestrand (km 2,8), Auslauf entlang des Randkanals und auf der Wiese am Deichfuß hin zum Strand

P mehrere ausgeschilderte Parkplätze (gebührenpflichtig) in Grömitz, alternativer Start von Cismar aus, Parkplatz am Kloster, Bäderstraße, GPS N 54°11.413' E 010°59.053'

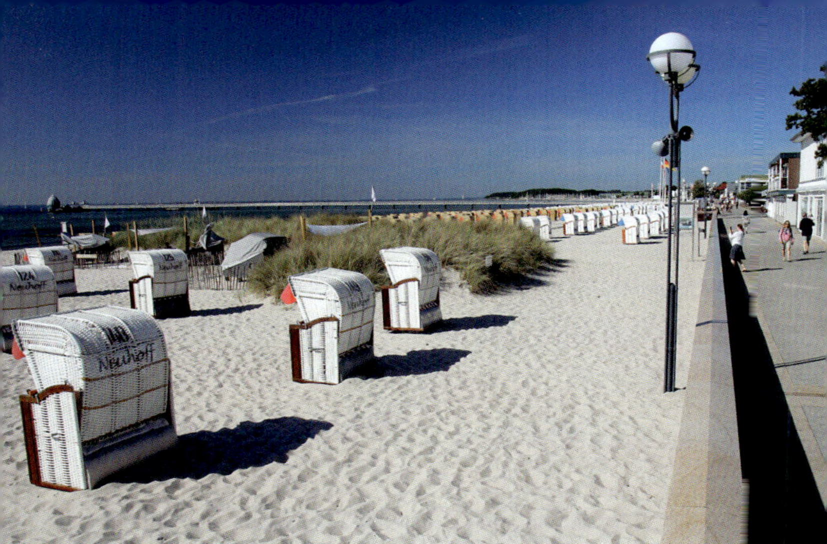

Die Strandpromenade und Seebrücke in Grömitz

Neustadt (Holstein) ist gut mit dem Zug erreichbar. Von dort fährt die Buslinie 5800 Neustadt-Oldenburg tgl. mindestens alle 2 Std. nach Grömitz, So nur im Zeitraum 8:00 bis 18:00, Haltestelle Grömitz-Yachthafen. Zurück von Cismar geht es wieder mit der Linie 5800. Die Haltestelle Klosterkrug ist auf Höhe der Bäckerei.

Der Mastenwald des **Yachthafens von Grömitz** ist oben vom Parkplatz aus schon zu erkennen. Die 300 m hinab entlang der Zufahrtsstraße (Gehweg) sind schnell geschafft. Unten am Hafenbecken beginnt die scheinbar endlose **Kurpromenade** mit ihrer Laden- und Gastronomiekette. Sie erlaufen die gesamte Länge von knapp 3 km. Obwohl sich dort natürlich der geballte Touristenrummel abspielt und Sie vielleicht nicht immer so vorankommen, wie Sie möchten, ist es dennoch eine lohnswerte Strecke – einfach Bäderkultur pur. Unterwegs ist viel zu sehen und zu erleben. Da ist für jeden Geschmack etwas dabei.

Im Sommer ist es morgens bis 10:00 noch nicht so voll.

Grömitz ist nicht das älteste, allerdings das größte deutsche Seebad – sowohl an der Nordsee als auch an der Ostsee. Am Strand sorgen die Strandkorbreihen für lustige Farbtupfer. Kurz hinter dem markanten Bau des Meerwasserbades Grömitzer Welle teilt die weit ins Wasser hinausragende **Seebrücke ❶** (km 1,4) die Kurpromenade in zwei Teile. Dort finden Sie auch die Touristeninformation.

Tourismusservice Grömitz, Kurpromenade 56, Am Seebrückenvorplatz, 23743 Grömitz, ☏ 045 62/25 60, www.groemitz.de, Nov bis Mitte März Mo bis Sa 10:00 bis 16:00, So 10:00 bis 14:00, Mitte März bis Mitte Mai Mo bis Sa 10:00 bis 17:00, So 10:00 bis 16:00, Mitte Mai bis Okt Mo bis Sa 9:00 bis 17:00, So 10.00 bis 16:00

Erlebnis Meerwasser-Brandungsbad Grömitzer Welle, Kurpromenade 58, 23743 Grömitz, ☏ 045 62/25 62 47, welle@groemitz.de, www.groemitz.de, tgl. 7:00 bis 22:00, Wellenbetrieb 10:00 bis 20:00 alle 30 Min., Sauna 10:00 bis 21:45, 11:00 bis 21:00, Erw. bis 3 Std. € 15 (ab 3 Std. € 20), Kind bis 1 m gratis, bis 3 Std. € 7 (ab 3 Std. 10 €), Family-Flatrate ohne Zeitbeschränkung € 39, Sauna extra

⌘ Das Ende der Strandpromenade kündigt das Skulpturenfeld des Künstlers Karl Simon an – die **Grömitzer Buhnen ❷** (km 2,8). Die auffälligen Kunstwerke aus handbehauenen Feldsteinen, Buhnenpfählen der Ostsee und einer jahrtausendealten Mooreiche fügen sich zwischen den Strandgräsern gut ein. Das ganze Material stammt aus der Umgebung.

Buhnen

Die Buhnen nehmen an der Nord- und Ostsee eine wichtige Funktion ein. Neben Betonspundwänden oder reinen Steinwällen wurden früher hauptsächlich Holzbuhnen verwendet. Zwei lange Reihen aus Holzpfählen wurden in den Boden vor dem Strand getrieben und mit Steinen aufgefüllt. Dadurch wird die Kraft der Strömungen reduziert, die parallel zum Ufer verlaufen und den Sand sonst mitreißen. Sand, der in der Strömung bereits vorhanden ist, kann sich durch die geminderte Geschwindigkeit absetzen. Dieser Küstenschutz war nicht überall erfolgreich. Vor Sylt erwies er sich praktisch als wirkungslos.

Während es nach rechts zum Hundestrand geht, kehren Sie dem Wasser den Rücken zu und erklimmen den 150 m entfernten **Deichkamm**. Auf dem Deichkronenweg wandern Sie parallel zum Strand weiter. Machen Sie doch mal einen Abstecher zur Wasserkante. Sie werden mit einem sagenhaften Weitblick über die Küste belohnt. Erst hinter dem Erlebnispark in **Lensterstrand ❸** nehmen Sie Abschied von Ihrer erhöhten Position (km 4,5).

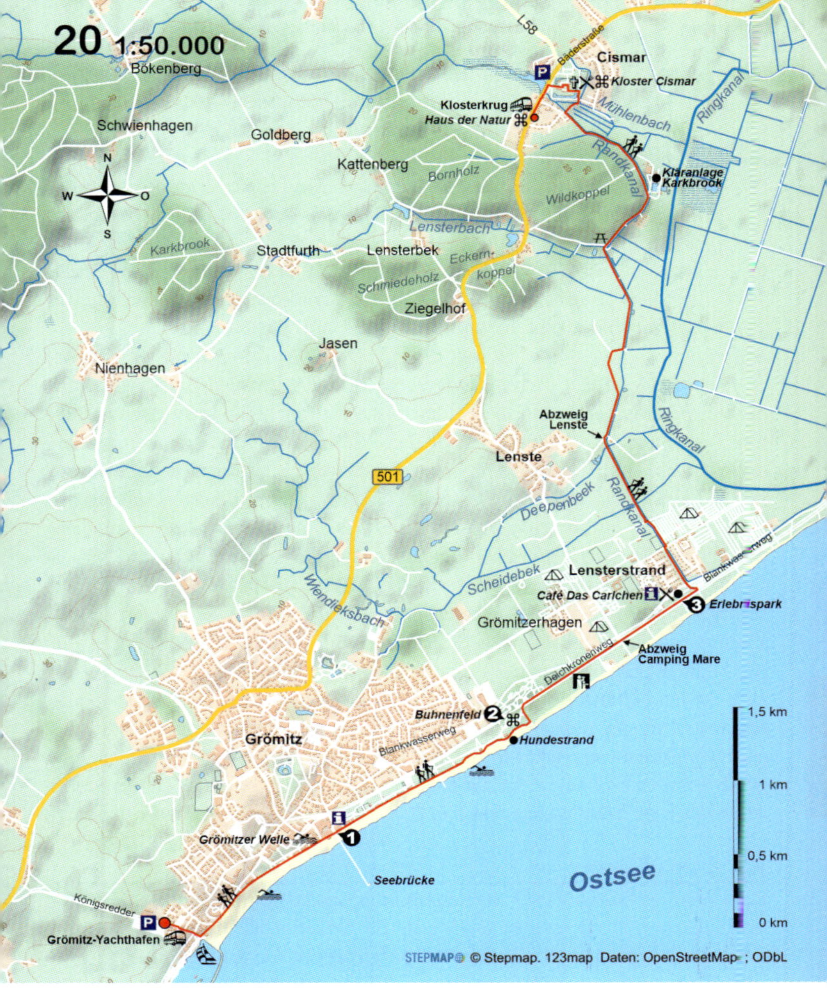

ℹ Tourismusservice Grömitz, Außenstelle Lensterstrand, Blankwasserweg 122, 23743 Grömitz/Lensterstrand, ☏ 045 62/225 13 47, 💻 www.groemitz.de, 🚪 April bis Okt Mo bis Sa außer Mi 10:00 bis 12:00 und 14:00 bis 17.00, So 10:00 bis 14:00

Ostseebäcker Puck mit Café Das Carlchen, Blankwasserweg 122, 23743 Lenste, ☏ 043 62/266 56 73, www.puck-gmbh.de, Sommer tgl. 7:00 bis 18:00, Winter Di bis Do 7:00 bis 12:00, Fr bis So 7:00 bis 16:00

Erlebniszentrum Lensterstrand: Kletterpark Kraxelmaxel, www.kraxelmaxel.de, April bis Okt, im Sommer Natur-Erlebnis-Station speziell für Kinder (Infotheke, Experimentierstation, Führungen am Strand), Spielplatz, Grillplätze, Minigolf, Aussichtsturm

mehrere Geocaches vor Ort versteckt, immer Mi 9:00 im Kletterpark kleine Einführung (auch für Kinder), Geräte können vor Ort ausgeliehen werden, Anmeldung beim Kletterpark erforderlich, nur unter ☏ 04 41/57 00 11 00

Lensterpark ist eine Ansammlung von Ferienhäuschen und Campingplätzen. Sie steigen zwischen Spielplatz und Parkplatz zur Fahrstraße, dem Blankwasserweg, hin ab und überqueren sie. An dieser Stelle knickt ein Wassergraben ins Landesinnere ab. Er gehört zu einem System von Entwässerungskanälen. Sie befinden sich am Randkanal. Links des Wasserwegs folgen Sie dem sandigen Fußweg der Ausschilderung Richtung Kloster Cismar. Die Wegweiser leiten Sie entlang des Randkanals durch die flache, weitläufige Knicklandschaft bis **Cismar**.

Das ⌘ **Kloster** versteckt sich rechts im Wäldchen. Halten Sie sich im Wald rechts. Ein paar Meter weiter überspannt eine Brücke den Wassergraben, der das Klostergelände (km 8,9) umschließt. Sie treten durch den Hintereingang ein. Auf der Straßenseite beim Parkplatz wenden Sie sich nach links. Nach 270 m erreichen Sie das ⌘ **Haus der Natur** in Cismar. Außer vielen naturkundlichen Exponaten sowohl aus der Heimat als auch aus der ganzen Welt werden die Besucher vor allem von der umfangreichen Muschel- und Schneckensammlung angezogen. Nirgends sonst ist so eine Vielfalt mit etlichen Raritäten ausgestellt. Mehr als 5.000 Arten füllen die Schaukästen, von 1 m Größe bis winzig klein im Sandkornformat.

Kloster Cismar

Der viereckige Innenhof wird von den Backsteinbauten der Klosteranlage, Erdwällen und einem Wassergraben umfangen. An der einschiffigen hohen Kirche in Backsteingotik sticht der dekorative Treppengiebel der Westfassade ins Auge. Das Johanniskloster wurde bereits 1177 in Lübeck gegründet. Weil jedoch auf dem Klostergelände Mönche und Nonnen lebten, kam alsbald der Verdacht auf, dass die Klosterbrüder sich nicht so sittlich verhielten, wie die kirchlichen Ordensregeln es forderten. Letztendlich erfolgte die Verbannung der Mönche durch den Erzbischof von Bremen in die Einöde von Cismar 1231.

Um den großen Reliquienschatz des Klosters entsprechend aufbewahren zu können, wurde zwischen 1310 und 1320 für den Chor ein hoch geschätzter und handwerklich bemerkenswerter dreiflügeliger Hochaltarschrein gefertigt. Einige Figuren wurden vermutlich schon viel früher um 1250 ausgearbeitet. Kunstgeschichtlich hält man ihn für den ältesten bekannten Schnitzaltar.

Die lutherische Reformation läutete den Niedergang des Klosters ein, als den Reliquien ihre Echtheit aberkannt wurde. Um 1560 wurde die Aufhebung des Klosters vollzogen.

Zum Klosterfest herrscht reges Treiben auf dem Gelände. Am zweiten Wochenende im August von 10:00 bis 23:00 lässt sich ein wenig Mittelalter-Atmosphäre schnuppern. An zahlreichen Ständen rund um die Klostergebäude wird nicht nur Kulinarisches und Kunsthandwerk verkauft, sondern auch gezeigt, wie es gefertigt wird. Sie können dann Korbflechter, Hutmacher, Silberschmied, Drechsler und Spielzeugmacher bei der Arbeit zuschauen.

⌘ Kloster Cismar, Bäderstr. 42, 23743 Cismar, ☏ 043 66/884 65 22, 💻 www.kloster-cismar.de, Ausstellungen, Konzerte, Klosterführung März/April bis Okt Mi und Sa 17:00, € 2, Kind € 1

♦ Klostercafé, ☏ 043 66/88 88 81, im Refektorium des Klosters, Ostern bis Okt tgl. außer Mo 11:00 bis 17:00

❀ Haus der Natur, Bäderstr. 26, 23743 Cismar, ☏ 043 66/12 88, info@hausdernatur.de, 💻 www.hausdernatur.de, tgl. 10:00 bis 19:00, im Winter teilweise bis 17:00, € 4, Kind € 1, Literatur für unterwegs, Naturlehrpfad im historischen Klosterkräutergarten am Museumsgelände, im Garten Sumpfschildkröten und Aquarien, Museumstage für Kinder sowie Strandführungen (April bis Okt jeden Di 15:00 oder jeden So in Grömitz 11:00)

Puck Landbäckerei, Bäderstr. 28, 23743 Cismar, ☏ 043 66/88 48 59, 💻 www.puck-gmbh.de, Mo bis Sa 6:00 bis 12:00, So 7:00 bis 10:30

♦ Jan Kollwitz, Keramiker und Urenkel von Käthe Kollwitz, Altes Pastorat, Bäderstr. 23, 23743 Cismar, ☏ 043 66/614, 💻 www.jan-kollwitz.de, Ausstellung tgl. 11:00 bis 17:00 nur auf Anmeldung, japanische Keramik aus dem Anagamaofen

♦ Bauer Böckmann's Hofladen, Bäderstr. 22, 23743 Cismar, ☏ 043 66/884 95 69, 💻 www.bauer-boeckmann.com, Mo bis Sa 10:00 bis 13:00, wenn keiner da ist, Selbstbedienung vor dem Laden mit einer kleinen Auswahl an Nahrungsmitteln, Blumen und Deko

21 Pariner Berg

Tour für Naturfreunde

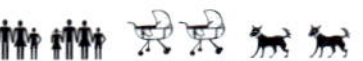

Zunächst erkunden Sie das naturnahe Flusstal der Schwartau mit Auen, Niederungen und Auwäldern, die einige seltene Tiere bewohnen. Ein Anstieg führt über das Dorf Groß Parin zum Pariner Berg und zur Bismarcksäule mit Aussicht über die weite Lübecker Bucht. Durch die typische Knicklandschaft geht es zurück nach Bad Schwartau.

Start/Ziel: Parkplatz am Fluss Schwartau, Riesebusch, L309, Bad Schwartau, GPS N 53°55.463' E 010°41.905'

6,8 km

1 Std. 45 Min.

154 m/154 m

0-93 m

Vita-Parcours, Fernwanderweg E1: weißes Kreuz, Radwegschilder, Nordic Walking Parcours (Gelb mit schwarzen Männchen), Infotafeln

Anfangs erforschen Sie das verzweigte Wegenetz entlang des Flusses Schwartau. Auf die dicht bewaldeten steil abfallenden Hänge fällt nur wenig Licht. Dafür kommen Sie auf den Feld- und Landwegen rund um Groß Parin ordentlich ins Schwitzen. Die Aussicht vom Pariner Berg ist jedoch die Mühe allemal wert. Den Abschluss macht ein kleiner Spaziergang durch die Vorortsiedlungen von Bad Schwartau.

viele Sitzbänke bis Pariner Berg, Rastplatz (km 0,5), Bank (km 4,3)

Pariner Berg (km 3,3), Bad Schwartau, Tipp: Il Ristorante Diana am Marktplatz trägt den Deutschen Meistertitel für Pizza. Um die Ecke punktet das Eiscafé Venezia mit über 40 fantastischen Eissorten. In guter Nachbarschaft ist ebenso die höherpreisige Weinbar Gambero zu empfehlen.

WC vom Parkplatz 100 m Richtung Holstein Therme der L309 folgen

Bad Schwartau

Fußbademöglichkeit am Fluss Schwartau (km 1,7)

Spielmöglichkeiten am Fluss, Waldspielplatz, Trimm-dich-Pfad, Aussichtsturm, Verkehr in Groß Parin und Bad Schwartau (größtenteils Bürgersteige vorhanden)

unterer Uferweg am Fluss zu schmal (Ausweichen auf den oberen möglich), eiserne Wendeltreppe im Turm

Trinkwasser an der Wilhelmsquelle (km 0,5) und am Fluss (km 1,7, km 6,6), Auslauf im Redder auf dem Rückweg, Hundewiese (km 6,6), Hunde auf dem Waldspielplatz nicht erlaubt, eiserne Wendeltreppe im Turm

P Wanderparkplatz am Start/Ziel

Autokraft-Linie 5951 von Lübeck Hbf/ZOB mehrmals tgl., Haltestelle „Am Kurpark" beim Parkplatz

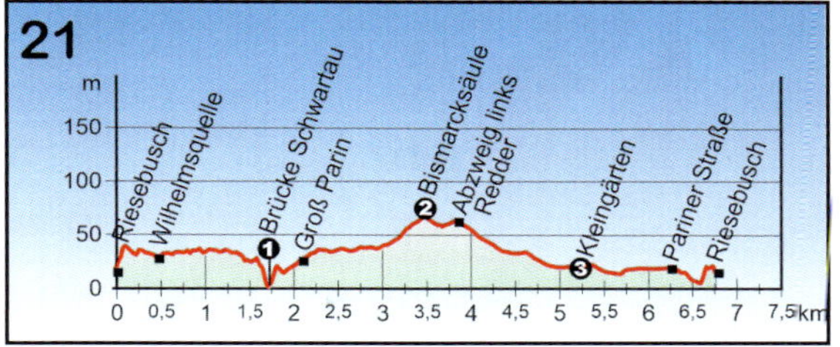

Die Tour startet auf dem P **Parkplatz** gegenüber der Seniorenresidenz Geertz in Bad Schwartau. An der Infotafel am Waldrand verzweigen sich die Wege. Sie nehmen den oberen der drei. Er umläuft den Waldspielplatz links von Ihnen und verschwindet in die Hangwälder des Schwartautales. In unserer heutigen Kulturlandschaft kommen nur noch wenige naturbelassene Räume vor. Das Schwartautal zählt dazu und wurde 2007 als besonders schützenswertes europäisches Gebiet mit aufgenommen. Hinter dem Forsthaus orientieren Sie sich nach links. Entlang der Oberkante der steil abfallenden Talflanke marschieren Sie stromaufwärts. Der Bereich unten am Fluss ist gesperrt, damit sich wieder ein richtiger Naturwald entwickeln kann.

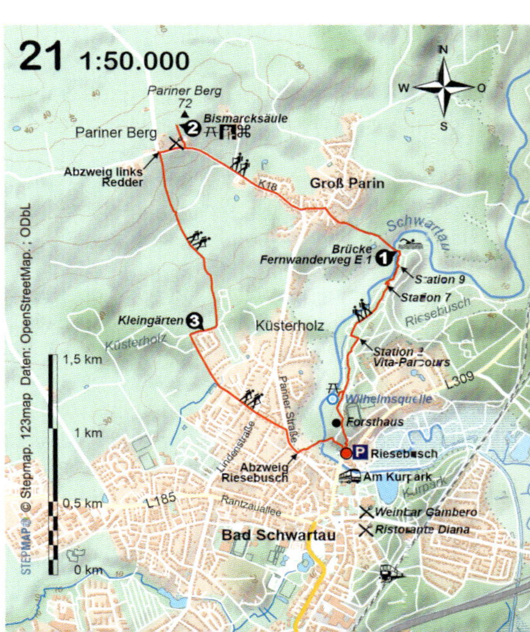

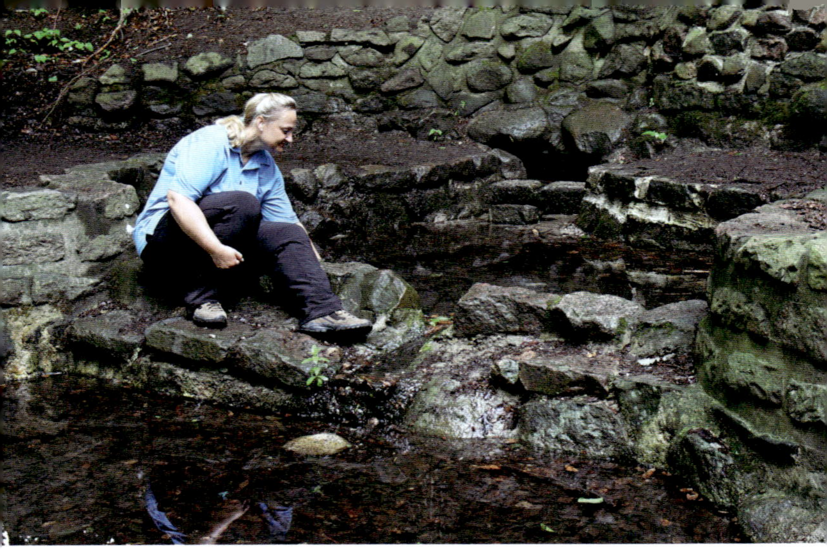

Die Wilhelmsquelle

⌘ Die 25 m vom Weg entfernte **Wilhelmsquelle** (km 0,5) unten am Hang ist ausgeschildert. Die terrassenförmig angelegten Wasserbecken sind im Hochsommer eine angenehme kühle Abwechslung.

Sie halten sich immer geradeaus auf dem oberen Hangweg, bis dieser in den breiteren Radweg mündet. Wenig später stehen Sie an der **Station 2 des Vita-Parcours** (km 1).

Buggys müssen auf dem breiten Radweg geradeaus bleiben, bis nach links der Fernwanderweg E1 zum Pariner Berg abbiegt.

Der schmale Pfad des Vita-Parcours orientiert sich zunächst weiter an der steil abfallenden Hangkante entlang. Er erfordert etwas Aufmerksamkeit. Baumwurzeln bilden kleine Stolperfallen. An der Station 7 verlässt er den oberen Hangweg und verläuft entlang des Ufers der wildromantischen Schwartau, wo auch mal ein quer liegender Baumstamm zu überklettern ist. An der Station 9 gehen Sie nach links am Flussufer weiter. Wenige Meter später sind die **Brücke über die Schwartau ❶** und der Fernwanderweg E1 erreicht (km 1,7). Die Wurzeln eines riesigen umgestürzten Baumstammes können beim Fußbad als Sitzplatz genutzt werden. Die ✎ weißen Kreuze dirigieren Sie zur anderen Seite aus dem Flusstal heraus, durch das Dörfchen Groß Parin und entlang der Landstraße (Gehweg) hoch auf den **Pariner Berg** (km 3,3).

Die frisch renovierte ⌘ **Bismarcksäule ❷** thront 150 m hinter der Gaststätte auf dem Gipfel. Von der Aussichtsplattform haben Sie eine umwerfende 360°-Sicht über die Holsteinische Schweiz und die Lübecker Bucht. Das hohe weiße Maritim Hotel in Travemünde und die Lübecker Kirchturmspitzen sind gut mit bloßem Auge zu erspähen.

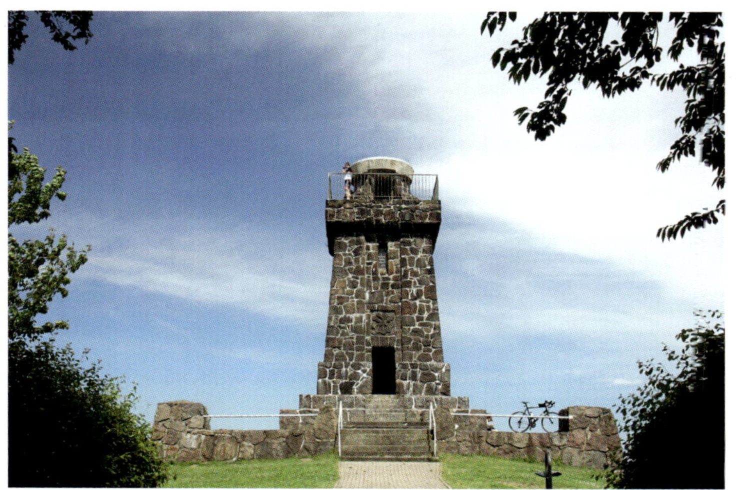

Die Bismarcksäule

Bismarcksäule

Der Pariner Berg ist Teil des Baltischen Landrückens und riegelt im Norden das Lübecker Becken ab. Auf der 70 m hohen eiszeitlichen Endmoräne ragt die Bismarcksäule in den Himmel. Für den sich nach oben verjüngenden Turm wurden als Baumaterial große Granitfindlinge verwendet. 1902 wurde er eingeweiht. Eine eiserne Wendeltreppe mit 38 Stufen im Inneren hilft hinauf. Oben auf dem 12,82 m hohen Turmkopf kann in der Schale auch ein Feuer entzündet werden.

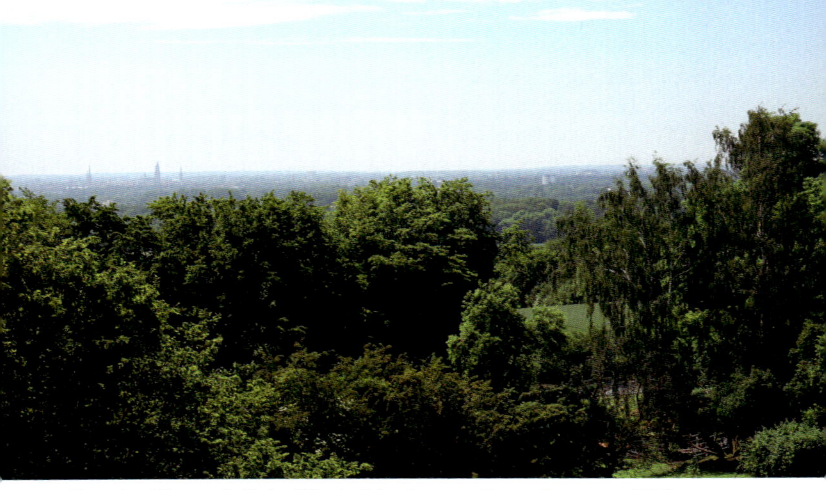

Von der Bismarcksäule öffnet sich ein grandioser Panoramablick

Das Grundstück, Feldsteine und 1.000 DM stifteten damals zur Grundsteinlegung die Großeltern von Frau Knees, die in sechster Generation die damit eng verbundene Gaststätte betreibt. Die siebte und achte hilft auch schon mit. Prächtige denkmalgeschützte Linden verschönern das Gelände.

⌘ Bismarcksäule, ganzjährig, kostenlos

✕ Pariner Berg, Pariner Berg 4, 23611 Bad Schwartau, ☏ 04 51/214 18, Do bis So 12:00 bis 20:00, gemütlicher Landgasthof mit fantastischer Aussichtsterrasse unter Bäumen, Kinderstuhl und Wickeltisch vorhanden

Nicht weit entfernt wenden Sie sich an der Station 7 des Nordic Walking Parcours (km 3,9) in der Straßenkurve nach links in den Redder. Es geht stets bergab nach **Bad Schwartau**. Am Stadtrand folgen Sie der Straße um die **Kleingärten ❸** (km 5,1) herum in die Wohnviertel hinein. Nun immer geradeaus gelangen Sie zum T-Kreuz mit der **Pariner Straße** (km 6,2). Dort nach rechts einbiegen. Das grüne Schild „Riesebusch" linker Hand am Straßenrand darf nicht verpasst werden. Der Seitenweg kreuzt das Flusstal. Unten im Talgrund an der Brücke (km 6,6) kann im Fluss gewatet werden. Auf der anderen Seite erstreckt sich die Hundewiese. Unterhalb des Waldspielplatzes betreten Sie wieder den Auwald. Nach rechts ist es nicht mehr weit bis zum Parkplatz.

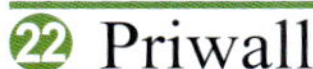

Priwall

Tour für Familien und Naturfreunde

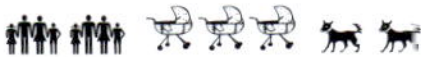

Der Priwall ist eine ehemalige Strandwallebene in der Travemündung. Im südlichen Bereich konnte sich der einzigartige Naturraum noch erhalten. Der nördliche Priwall mit der Priwallsiedlung widmet sich dagegen verstärkt dem Tourismus – feiner Badestrand, spannende Besichtigungen und kleine Segelhäfen. Traumhafte Ausblicke sind überall garantiert.

Start/Ziel: Priwallfähre, Auf dem Baggersand 1, Lübeck-Travemünde, GPS N 53°57.373' E 010°52.026'

7,4 km

1 Std. 45 Min.

133 m

-2-23 m

Rundweg südlicher und nördlicher Priwall, Radwegzeichen, streckenweise unmarkiert

Während die südliche Hälfte der Halbinsel Priwall vom Naturschutzgebiet eingenommen wird, dominiert auf der nördlichen Seite die touristische Erschließung mit Hafenanlagen, Läden, Unterkünften und weiten Stränden. Die Sand- und Waldwege überwiegen dennoch. Bei der Durchquerung von Süd nach Nord sind die sanften Erhebungen kaum zu spüren.

viele Sitzbänke, Rastplätze (km 2,9, km 3,4)

zahlreich am Start/Ziel (☞ Tour 23), Passathafen (km 0, km 6-6,5)

WC am Start/Ziel, nördlicher Priwall (km 5,5)

Travemünde (☞ Tour 23), Passathafen (km 6)

Badestelle (km 3,4), Badestrand (km 5,6, gebührenpflichtig)

Spielmöglichkeiten am Strand, Fährbeobachtungen, Aquarium zum Mitmachen, Schiffsbesichtigung Viermastbark, Querung einer viel befahrenen Straße, kurzes Stück ohne Bürgersteig entlang einer Fahrstraße

problemlos für Buggys

Trinkwasser an der Trave, auf der gesamten Strecke Leinenpflicht, Naturschutzgebiet, Hundeverbot an den Kurstränden (1.4. bis 30.9.), Auslauf nur am Hundestrand (vom Strandzugang km 5,6 etwa 250 m über den Strand nach Osten), längere Abschnitte auf geteerten Wegen

P am Start kleiner Parkplatz „Fähre Priwall“ (meist belegt), GPS N 53°57.361' E 010°51.985'; großer Parkplatz „Am Baggersand“ am Hafen, 400 m von der Fähre entfernt, GPS N 53°57.413' E 010°51.583'

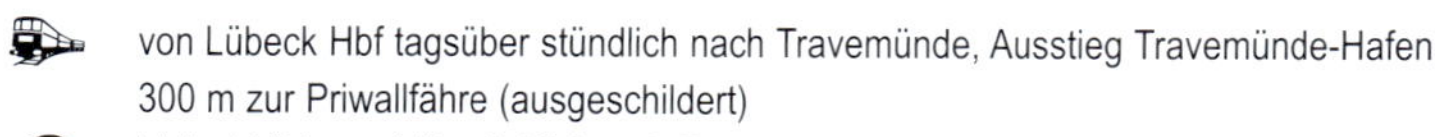

von Lübeck Hbf tagsüber stündlich nach Travemünde, Ausstieg Travemünde-Hafen, 300 m zur Priwallfähre (ausgeschildert)

Linie 30/31 von Lübeck Hbf nach Travemünde Mo bis So tagsüber mindestens im Stundentakt, Haltestelle „Priwallfähre“

Autofähre Priwall, tgl. mindestens alle 30 Min., 5:15 bis 22:50 im 10-Minuten-Takt, einfache Fahrt: Erw. € 1,50, Kind € 1, Auto ab € 4,30, Rad € 1; Personenfähre Priwall, Travepromenade, Lübeck-Travemünde, April bis Okt tgl. 10:00 bis 22:30, Januar bis März tgl. 10:00 bis 20:00, einfache Fahrt: Erw. € 1,50, Kind € 1

alle öffentlichen Verkehrsmittel: Lübeck-Travemünde Verkehrsgesellschaft mbH, Gneversdorfer Weg 15-19, 23570 Lübeck, 045 02/86 16 44, info@svhl.de, www.sv-luebeck.de

Tour 22 und 23 können an ihren Berührungspunkten an den Priwallfähren zusammengelegt werden, sei es zu einer großen Wanderung oder zu einer Wochenendtour.

Sie setzen mit der Autofähre auf den Priwall über.

Pesel im Fährhaus, Mecklenburger Landstr. 1, 23570 Travemünde/Priwall, 045 02/733 33, info@pesel-travemuende.de, www.pesel-travemuende.de, Neueröffnung 1.4.22, kein Wickeltisch

Vom **Fähranleger** wenden Sie sich vor dem Seniorenheim Rosenhof nach rechts, passieren den Yachthafen, queren ein ehemaliges Dock der alten Werft über eine Brücke.

Herzhaft Süß & Mee-h-r, Alte Werft 48, 23570 Travemünde/Priwall, 045 02/787 99 31, herzhaftsuess@gmx.de, tgl. außer Mittwoch ab 7:00 mit Brot- und Brötchenverkauf auch belegt, warme Küche 12:00 bis 21:00, speziell Burger und Steaks, selbstgemachte Torten und Kuchen, Kinderstuhl ja, Wickeltisch nein

Nach dem Durchschreiten des Häusertunnels beginnt geradeaus am Waldrand das **Naturschutzgebiet „Südlicher Priwall“** (km 0,7).

Südlicher Priwall

Der Priwall entstand durch wiederholte Ablagerungen von Sanden, die von den Steilufern der inneren Lübecker Bucht her stammten (Tour 23, Brodtener

Steilufer). Umfangreiche Sandaufspülungen zur Landgewinnung Anfang des 20. Jh. bis 1958 verhalfen ihm zu seiner heutigen Größe und Form. Aufforstung, Bebauung, landwirtschaftliche und militärische Nutzung veränderten das Landschaftsbild. Auf dem südlichen Priwall aber konnten in dem immer noch typischen leicht welligen Relief der ehemaligen Strandwälle mit feuchten und trockenen Standorten die charakteristischen Feuchtwälder, Brackwasserröhrichten, Kleingewässer, Salzwiesen, Trockenrasen und Sanddorngebüsche überstehen. 1998 wurde das 148 ha große Areal zum Naturschutzgebiet erklärt.

Heimische Arten wie Sanddorn, Wildrosen, Weiden und Birken erobern sich ihren Lebensraum zurück. Die angepflanzten Pappeln und Grauerlen sterben langsam aufgrund ihres Alters und des Salzwassereinflusses durch Überschwemmungen bei Ostseehochwasser ab. Im mittlerweile dichten Unterholz tummeln sich im Herbst und Winter zahlreiche Singvögel, vor allem Wacholderdrosseln, Rot- und Singdrosseln, die vom reichhaltigen Früchteangebot des Sanddorns und Holunders profitieren. Die besonderen klimatischen Bedingungen des Lübecker Beckens mit höheren Sommer- und tieferen Wintertemperaturen bieten auch seltenen Amphibien-, Reptilien-, Fledermaus- und Insektenarten geeignete Lebensbedingungen.

Die südlichste Spitze vom Priwall liegt gegenüber vom großen Fährhafen

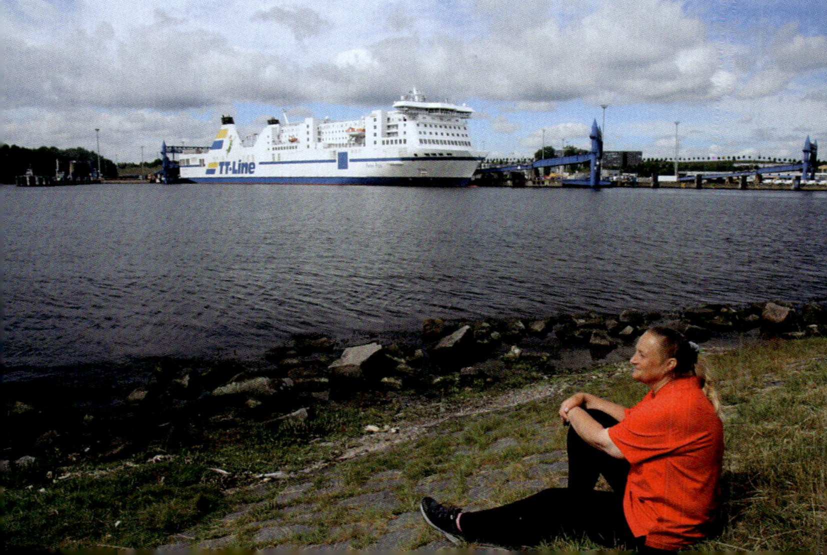

Auf dem südlichen Priwallrundweg kommen Sie 300 m nach rechts an die Trave, wo ein schöner Ausblick zurück auf Travemünde möglich ist. Nach Süden beherrschen die gewaltigen Anlagen der Werft Marina Baltica und des Fährhafens Skandinavienkai auf dem jenseitigen Traveufer das Bild. Morgens liegen meist gleich mehrere der riesigen Pötte vor Anker. Von hier aus fahren regelmäßig Fähren nach Schweden, Finnland, in die baltischen Staaten und nach Russland.

Direkt am Wasser wandern Sie zur Südspitze des Priwalls ❶ (km 2,3), wo sich ein weiter Rundblick über die untere Trave und in die Bucht **Pötenitzer Wiek** hinein öffnet. Der Flachwasserbereich ist ein beliebter Rastplatz für Zug- und Überwinterungsvögel (Infotafel). Ehemals verlief hier die DDR-Grenze.

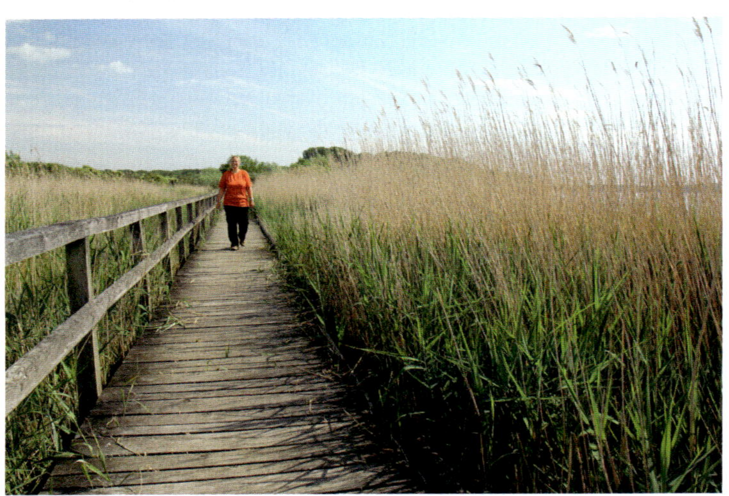

In der Naturidylle an der Pötenitzer Wiek

Sie erforschen nun die Naturidylle der Pötenitzer Wiek. Das angrenzende Schilfgebiet wird über einen Bohlenweg durchquert. An der Gabelung (km 2,5) im anschließenden Wald folgen Sie dem Radweg nach rechts. Nahebei befindet sich ein windgeschützter Rastplatz. Sobald der Waldweg für ein Stück die Wasserkante streift, können Sie von einem Aussichtsturm (km 2,8) über die

Bucht schauen oder am Strand mit ⛼ Picknickplatz (km 3,1) pausieren. An der nächsten Gabelung steht 100 m nach rechts ein weitere **Aussichtskanzel ❷**. Nach links halten Sie sich immer geradeaus, tauchen kurz an der zentralen Weide (km 4,2, Infotafel) aus dem Wald auf. Die weite, verwilderte Fläche war ehemals die Landebahn des See- und Landflughafens Lübeck-Travemünde. Sie wechseln an der Kreuzung beim Reiterhof auf den nördlichen Rundweg (km 4,6) und folgen der Straße **Fliegerweg**.

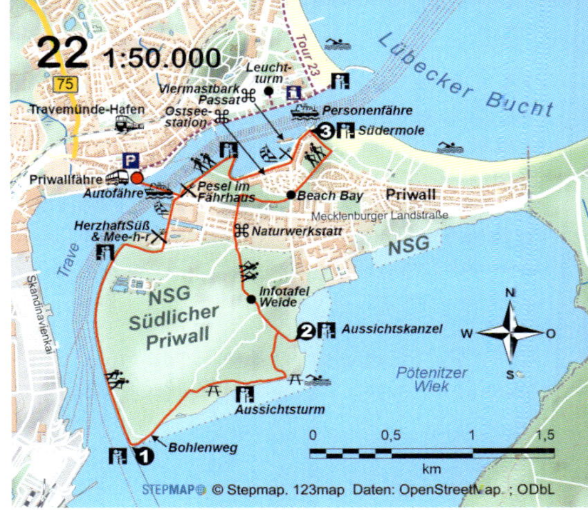

⌘ Naturwerkstatt, Fliegerweg 5-7, 23570 Travemünde, ☏ 045 02/999 64 65, info@naturwerkstatt-priwall.de, www.naturwerkstatt-priwall.de, Ausstellung über NSG Priwall noch geschlossen, Exkursionen, Workshops und Projekte zum Mitmachen im Naturschutzgebiet laut Veranstaltungskalender

Über die **Mecklenburger Landstraße** (km 4,9) rollt der Fährverkehr zum Festland. Auf Kinder aufpassen!

Kreuzen Sie die Straße. Im Wald biegt der nördliche Rundweg wenig später nach rechts auf einen Waldweg ab. Nach 350 m taucht linker Hand das neue Ferienwohnungsviertel **Beach Bay** auf. Sie kürzen auf der Fahrstraße daran entlang zum Strand auf dem nördlichen Priwall (km 5,6) die lange Ostzunge ab. Im Sommer ist die riesige Sandfläche Schauplatz von Sandburg-Wettbewerben.

Priwallstrand, gebührenpflichtig 15.5. bis 14.9., ab 16 J. € 3/Tag, Hundestrand

Der Dünenweg führt nach links zur **Südermole ❸** (km 5,9) mit Fähranleger der Personenfähre und Aussichtsplatz.

Vom Aussichtsplatz erhalten Sie einen wunderbaren Ausblick über die Travemündung, das gegenüberliegende Städtchen Travemünde mit dem hoch aufragenden Gebäudeturm des Maritim Strandhotels (☞ Tour 23) und die Viermastbark „Passat". In der Hafeneinfahrt geben sich Fähren und der quirlige Sportsbootbetrieb die Tür in die Hand. Es lohnt sich, einen Abstecher auf den breiten Strandgürtel zu machen. Je weiter Sie hinausstapfen, desto überwältigender wird der Fernblick nach Ost und West über den kilometerlangen Strand und über die Lübecker Bucht.

Im **Passathafen** nebenan hat der stolze Großsegler „Passat" einen Platz gefunden. In seiner Lage als Wellenbrecher am Anfang des Yachthafens wird er ordentlich durchgerüttelt und ist stark gefährdet. Alle Einnahmen werden zum Erhalt verwendet.

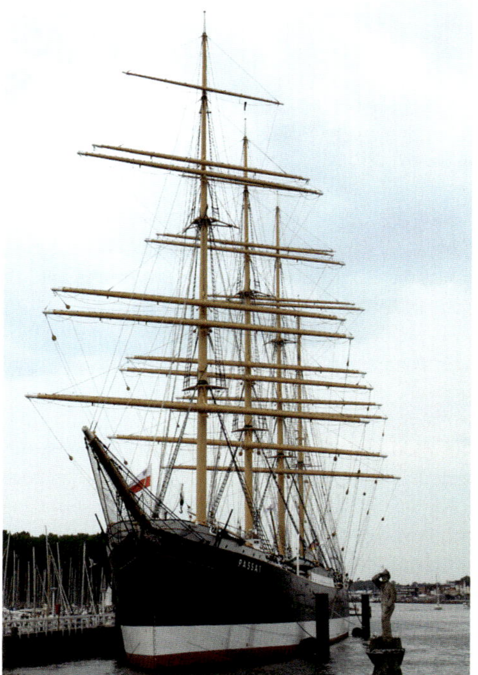

Die Viermastbark Passat

Viermastbark „Passat"

Sie ist einer der letzten zwölf deutschen Windjammer. Das schnittige Schiff gehörte einst zur Flotte der berühmten Flying P-Liner. Ihren Ruf und Name bekam sie wegen ihrer Robustheit, Zuverlässigkeit und Geschwindigkeit. Die „Passat" erreichte unter Segeln bis zu 18 Knoten und machte der Dampfschifffahrt ordentlich Konkurrenz. Bei allen Schiffen der Linie begann der Taufname mit P. 1911 war der Stapellauf. Der schnelle Großsegler transportierte

Getreide und Salpeter rund um die Welt. Insgesamt wurde das berüchtigte Kap Hoorn 39-mal umrundet.

Anfang der 1950er bereitete eine finanzielle Krise arge Schwierigkeiten. 1951 erfolgte der Umbau zum frachttragenden Schulschiff. Wenige Wochen nach dem Untergang des Schwesternschiffes „Pamir" 1957 geriet die „Passat" ebenfalls in einen schweren Sturm. Die Ladung verrutschte. Trotz gefährlicher Schieflage gelang es, den Hafen anzulaufen. Obgleich das Schiff noch seetüchtig war, bedeutete das sein Dienstende – aus Gründen der Wirtschaftlichkeit und vor allem der Sicherheit. Die Stadt Lübeck bewahrte die „Passat" 1959 vor dem Abwracken und stellte sie unter Denkmalschutz. Die 56 m hohen Masten sind heute ein Wahrzeichen Travemündes. Die nach wie vor schwimmfähige, aber nicht mehr fahrtüchtige Viermastbark kann besichtigt werden. Auf ihr kann auch geheiratet werden. Ein lebendiges Museum zum Reinschnuppern in das Zeitalter der Segelschifffahrt.

⌘ Viermastbark Passat, Am Priwallhafen 16, 23570 Lübeck, Anfang April bis Ende Okt tgl. 11:00 bis 16:30, Hochsaison Mitte Mai bis Ende Sep tgl. 10:00 bis 17:00, Erw. € 5, Kinder 6 bis 17 J. € 2,50, Sonderführungen auch für Einzelpersonen wird vom Bereich Schule und Sport Lübeck auf Anfrage vermittelt, schuleundsport@luebeck.de, Mo bis Fr € 50, Sa/So € 55

mehrere im Beach Bay Viertel am Passathafen, vom Eiscafé über Tapasbar bis schickes Restaurant

mehrere im Beach Bay Viertel am Passathafen

⌘ Ostseestation Priwall, priwallpromenade 29-31, 23570 Lübeck, 045 02/30 87 05, info@ostseestation-priwall.de, www.ostseestation-priwall.de, Nov bis März Do bis So 10:00 bis 17:00, April bis Okt Di bis So 10:00 bis 18:00, Erw. € 7, Kinder bis 12 J. € 5, Aquarium mit einheimischen Meerestieren, auch zum Anfassen und Füttern, sehr interessant für Kinder, zweimal tgl. 10:00 und 15.30 Führungen mit vorheriger Anmeldung, Erw. € 10, Kind € 6,50, Familie mit 2 Kinder € 30

Am Südende des Passathafens lässt sich vom spitzen Landvorsprung (km 6,6) noch einmal die Trave gut überblicken.

Entlang der Wasserkante gelangen Sie wenig später zurück zur Autofähre.

㉓ Brodtener Ufer

Tour für Familien

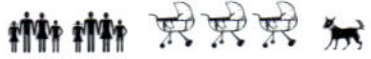

Das bekannteste und beeindruckendste Steilufer Schleswig-Holsteins erhebt sich entlang der Lübecker Bucht. Der rund 4 km lange Küstenstreifen verbindet die viel besuchten Badeorte Travemünde und Niendorf.

→ Start: Priwallfähre, Auf dem Baggersand 1, Lübeck-Travemünde, GPS N 53°57.373' E 010°52.026'; Ziel: Niendorfer Strand, Strandstraße, Niendorf, GPS N 53°59.514' E 010°49.979'

8,0 km

2 Std.

↑ ↓ 116 m/116 m

⇧ 0-42 m

manchmal ein Radwegweiser (Richtung Hermannshöhe/Timmendorfer Strand folgen)

Nach einem Drittel der Tour schließt sich an die Hafen- und Strandpromenaden von Travemünde das Brodtner Steilufer an. Badelustige können sich im Hochsommer jederzeit im Meer abkühlen, ansonsten bietet das meist baumlose Ufer wenig Schutz vor der Sonne. Der sandige Steiluferweg ist zu jeder Jahreszeit ein beliebtes Ausflugsziel, so dass öfters der aufgewirbelte Sand als Staubwolke über dem Weg hängt.

zahlreiche Sitzbänke

zahlreich am Start/Ziel, Hermannshöhe (km 5), Tipp: Panoramacafé in luftiger Höhe im Maritim Strandhotel Travemünde, Niederegger Marzipanspezialitäten im Café Niederegger in Travemünde

WC Die ersten 3,4 km in Travemünde mehrere entlang der Hafen- und Strandpromenade, am Ziel in Niendorf

Travemünde und Niendorf

kilometerlang Strand entlang der Küste: gebührenpflichtig in Travemünde und Niendorf, Brodtener Ufer gebührenfrei; Meerwasserhallenbad in Niendorf

Spielmöglichkeiten am Strand, viel zu sehen und zu erleben in Travemünde, Spielplätze und Minigolf in Travemünde und Niendorf, Meerwasserwellenbad, Hochseilgarten, Vogelpark. Vorsicht an der bröckeligen Steilkante des Brodtener Ufers wegen Absturzgefahr!

problemlos für Buggys, ein paar Stufen am Ortseingang von Niendorf unterwegs kein Trinkwasser (Manchmal stellen ansässige Hundeliebhaber Trinknäpfe auf die Strandpromenade in Travemünde.), auf der gesamten Strecke Leinenpflicht im Ort und Naturschutzgebiet, viele Radfahrer und Spaziergänger, Hälfte der Tour auf geteerten und gepflasterten Wegen, 1.4. bis 30.9. Hundeverbot an den Kurstränden, Auslauf dann nur am Hundestrand in Travemünde (km 3,4)

P gebührenpflichtige Parkmöglichkeiten am Start (☞ Tour 22) oder beim Leuchtturm, GPS N 53°57.664' E 010°52.640'. Wer nicht durch Travemünde laufen will, kann auch direkt am Steilufer beim Parkplatz „Seebad Mövenstein" starten,
GPS N 53°58.480' E 010°52.937', Tagesticket € 6. Der kostenlose Parkplatz Kowitzberg befindet sich am nördlichen Stadtrand von Travemünde, 700 m zum Steiluferweg, GPS N 53°58.480' E 010°52.466'.

von Lübeck Hbf tagsüber stündlich nach Travemünde, Ausstieg Travemünde-Hafen, 300 m zur Priwallfähre (ausgeschildert)

Linie 30/31 von Lübeck Hbf nach Travemünde Mo bis So tagsüber mindestens im Stundentakt, Haltestelle „Priwallfähre"; zurück von Niendorf nach Travemünde mit Linie 40 tagsüber jede Std. zur Haltestelle „Teutendorfer Weg" nahe dem Hafen (bis 17:51) oder zum Strandbahnhof nahe der Strandpromenade (bis 19:45). Von dort sind es zu Fuß 1,5 km bis zur Autofähre.

Bereits am Anfang der Tour reizt die Touristenhochburg Travemünde den Besucher mit vielfältigen Attraktionen und Zerstreuungen. Sie sollten Zeit mitbringen und trotz des meist lebhaften Betriebes alles in Ruhe erkunden.

Travemünde

Travemünde gilt als Lübecks „schönste Tochter". Trotz einiger Entfernung ist es ein Stadtteil der Hansestadt. Die pittoreske Kleinstadt bezaubert mit Giebelhäuschen aus dem 18./19. Jh. rund um die alte Fischerkirche St. Lorenz von 1522. An der Vorderreihe, der langen Straße am Hafen, drängen sich viele Erbstücke aus der Vergangenheit wie die Lübische Vogtei aneinander. Das Ensemble im Stil der Backsteinrenaissance war Sitz der Lübecker Stadtherren sowie ein Polizeirevier. Eines der ältesten Häuser ist ein Fachwerkhaus aus der zweiten Hälfte des 16. Jh. Seit 1802 trägt die an der Einmündung der Trave liegende Fischer- und Lotsensiedlung den Titel Seebad. Aus anfänglich ein paar Sommerfrischlern entwickelte sich ein mondäner Kurort mit nostalgischem Flair. Davon zeugen das über 100 Jahre alte Spielcasino im Jugendstil, heute ein 5-Sterne-Hotel, und viele andere repräsentative Bauten. Travemünde zeigt sich aber auch als das modernste Seebad an der Küste. Mit internationalem Standard und mit 1.700 Strandkörben zählt es dazu zu den größten. Ebenfalls groß ist der Fährhafen am Skandinavienkai. Von hier aus laufen Schiffe nach Schweden, Finnland, Lettland und Russland aus. Und die Travemünder Woche rühmt sich, das zweitgrößte Segelevent der Welt zu sein. 2022 dreht sie zum 133. Mal auf. Immer 10 Tage ab Mitte Juli heißt es Party-Atmosphäre und Regatta direkt vor den Augen.

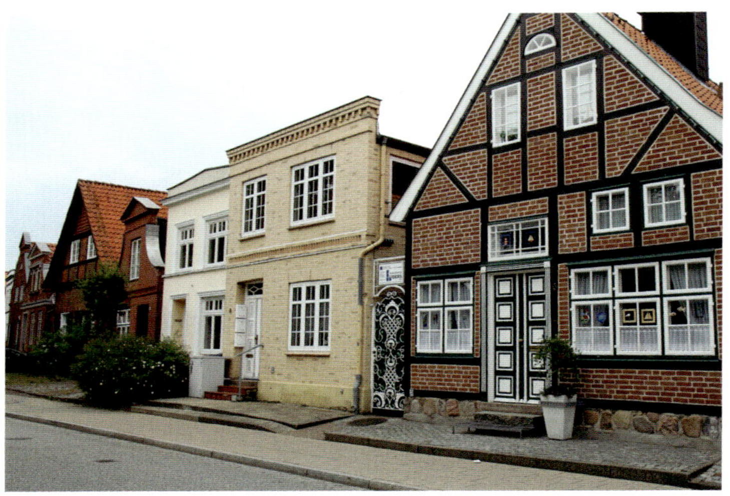

Rund um die Fischerkirche stehen sehenswerte Giebel- und Fachwerkhäuschen aus den früheren Jahrhunderten

Tourist-Information Travemünde, Am Leuchtenfeld 10 a, 23570 Travemünde, ☎ 04 51/889 97 00, www.travemuende-tourismus.de, Mo bis Fr 9:30 bis 17:00, Sa/So und feiertags 10:00 bis 15:00, Stadt- und Naturführungen in und um Travemünde zu Fuß und per Rad

zahlreich: von Fischbrötchen und Currywurst bis zum Gourmettempel, viele gute Fischrestaurants am Hafen. Tipp: zum Kaffee klassisch beim Café Niederegger, Vorderreihe 56, 23570 Lübeck-Travemünde, ☎ 045 02/20 31, info@niederegger.de, www.niederegger.de, Jan bis März Mo bis Fr 9:00 bis 18:00, Sa 9:00 bis 18:30, So 10:00 bis 18:30, April bis Okt tgl. 9:00 bis 19:00, Hauptsaison auch länger, verführerischer Marzipan-Eiskaffee oder die original Marzipan-Nusstorte, kein Wickeltisch

- viele Einkaufsmöglichkeiten vom Kiosk bis zum Supermarkt, Tipp: regionale Produkte auf dem Wochenmarkt, Mai bis Sep Mo und Do 8:00 bis 14:00, Okt bis April Mo und Do 8:00 bis 13:00
- ♦ mit etwas Glück Fisch frisch vom Kutter im Fischereihafen, meist gegen 8:00 kehren die Boote vom Fang zurück
- ⌘ Seebadmuseum, Gesellschaftshaus, Torstraße 1, 23570 Travemünde, ☏ 045 02/999 80 94 (Führungen nach telefonischer Absprache), www.heimatverein-travemuende.de, März bis Dez tgl. außer Mo 11:00 bis 17:00, Erw. € 6, Kinder bis 14 J. frei, sonst € 3,50
- Neben der Travemünder Woche sind besonders erwähnenswert der Travemünder Lichterzauber im Sep, wenn der Godewindpark erleuchtet wird.
- ♦ Windart, Kunst im Freien, bewegliche Windspiele und Skulpturen im Stadtgebiet, viele Aktionen auch zum Mitbasteln und speziell für Kinder, Mai bis Okt
- ♦ Fischerfest, alles rund um den Fisch und die Fischerei, erstes Wochenende im Sep

Von der **Priwallfähre** spazieren Sie entlang des Hafens Richtung Travemündung. Nach 650 m beginnt die **Travepromenade**. Der 100 m abseits der Kaimauer gelegene ⌘ **Leuchtturm** (km 1,1) ist schon in Sicht. Er ist mit 575 Jahren der älteste Deutschlands (☞ mehr Infos bei den Updates zum Buch auf www.conrad-stein-verlag.de. Das neue Leuchtfeuer nebenan auf dem Dach des Maritim Hotels hält mit 114,7 Metern Europas Höhenrekord. Es lohnt sich ein Besuch.

Am Ende der Travepromenade (km 1,5) befinden sich der Anleger der **Personenfähre zum Priwall** (☞ Tour 22) und der Lotsenturm.

Hier an der engen und dicht befahrenen Travemündung ergibt sich ein schöner Blick auf einen der letzten deutschen Großsegler, die Viermastbark „Passat“ (☞ Tour 22). Zu den großen Fährschiffen gesellen sich in der Segelsaison zahlreiche kleinere und größere Boote, die an dieser Stelle fotogen nah an Ihnen vorüberziehen. Sie können auch noch die 400 m bis zum äußersten Ende der Nordermole wandern, die in einem großen Bogen weit in die See hineinragt. Je weiter Sie hinauskommen, desto fantastischer gerät der Weitblick nach Westen über den nördlichen Priwall und die Mecklenburger Küste, nach Norden über den Travemünder Strand bis zur Steilküste.

Nun geht es die Strandpromenade hinunter, vorbei am **Maritim Strandhotel Travemünde**. Keines an der Ostsee ist höher. Die umlaufenden, durchgängigen

Balkone verpassen dem rechteckigen Turm ein auffälliges weißes Gittermuster. Selbst aus weiter Ferne ist der Riese leicht zu lokalisieren, sogar von der 15 km entfernten Bismarcksäule (☞ Tour 21). Das Dachcafé in der 35. Etage in luftiger Höhe von 115 m trägt daher seinen Namen „Über den Wolken" zu Recht und steht somit (geografisch) an der Spitze der Ostsee-Kaffeegärten. Von oben erschließt sich Ihnen die Lübecker Bucht in einer ganz neuen Perspektive.

Tipp: Panoramacafé „Über den Wolken", Maritim Strandhotel Travemünde, Trelleborgallee 2, 23570 Lübeck-Travemünde, ☏ 045 02/890, info.trv@maritim.de, www.maritim.de, tgl. 15:00 bis 17:30, letzte Auffahrt 17:00, wegen Arbeiten am Fahrstuhl zurzeit geschlossen, voraussichtliche Neueröffnung 2023

Strand 15.5. bis 14.9. gebührenpflichtig, € 3/Tag ab 16 J.

Das benachbarte, prachtvolle ehemalige Casino erinnert an die lange Tradition des Glücksspiels in der Ostseestadt. Bereits 1808 spielten adlige Herren an der Lübecker Bucht Roulette und Pharao. 1833 erlaubte der Staat das kostspielige Freizeitvergnügen auch offiziell. Als 1913 das Casino eröffnete, strömten Prominente aus aller Welt zu dieser exklusiven Unterhaltung nach Travemünde und sorgten für allerhand Klatsch und Tratsch. Eine Begebenheit soll auf das Konto von Franz Kafka gehen. Es heißt, er war barfuß am Strand – 1914 ein Skandal.

Während Sie weiter über die Strandpromenade bummeln, genießen Sie einerseits die Aussicht über die Lübecker Bucht und anderseits säumen moderne Bäderkultur und stattliche alte Villen den Weg. An schönen Tagen bevölkern neben unzähligen Gästen oft Musiker und Straßenkünstler die Fußgängerzone. Am Ende der Strandpromenade (km 3,1) umlaufen Sie beim P Parkplatz das ehemalige **Seebad Mövenstein**.

Auf der Zufahrt zum Hundestrand herrscht meist reger Verkehr. Für Fußgänger empfiehlt sich der ausgeschilderte Fußweg Richtung Hermannshöhe, der an der Einfahrt zum Parkplatz beginnt und unter Bäumen aufwärtsführt.

Bäderkultur

Im 19. Jh. wurden hier die heilenden und erholsamen Kräfte des Meeres entdeckt. Wie damals üblich trugen die Badegäste Kostüme, die den ganzen Körper verhüllten. Von hölzernen Karren aus wurde das Wasservergnügen angetreten. Bedienstete schoben diese ins Wasser. Manche waren auch fest im Wasser verankert. Eine Kutsche fuhr die Kunden hinüber. Die Nachfrage war jedoch höher als die Anzahl

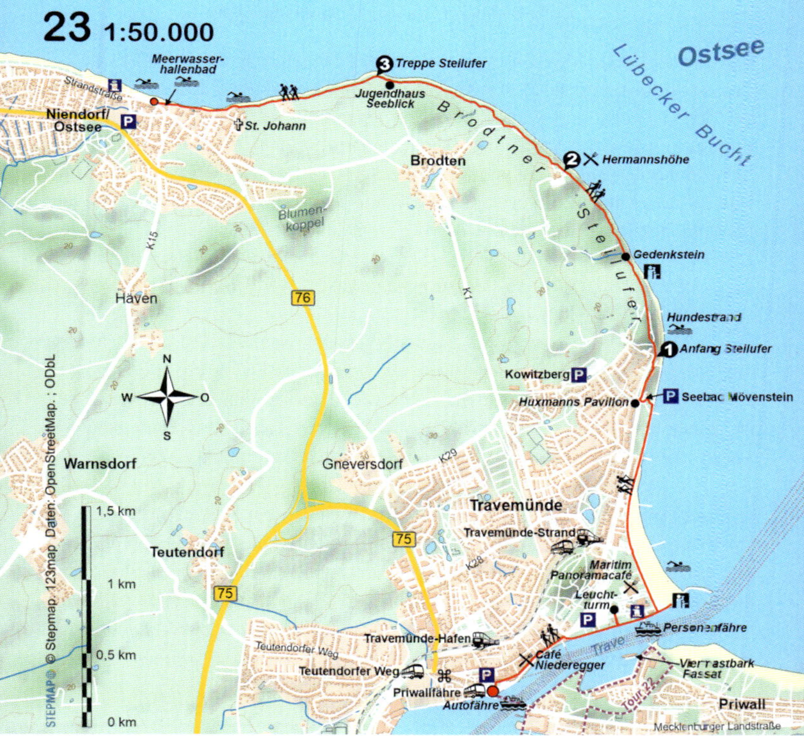

der Badestellen. Der Andrang wurde streng nach Warteliste geregelt, wobei in der Schlange mitunter stundenlang in der Sonne am Strand ausgeharrt werden musste.

Mit dem Bau des Seebades Mövenstein 1879 wurden die Badekarren nur noch selten genutzt, bis sie ganz verschwanden. Um die Jahrhundertwende wurde das Warmbadehaus errichtet – der Urtyp eines Wellnessbereichs. Dort konnten die Besucher sicher vor Zuschauern in sogenannten „Badezellen" im aufgewärmten Seewasser planschen. Sogar Massagen wurden angeboten. Alles zur Geschichte der Bäderkultur erfahren Sie im Seebadmuseum im Stadtzentrum.

WC kostenlose Toilette im Huxmanns Pavillon oben an der Straße, Kaiserallee 59, und beim Hundestrand 200 m weiter

☺ Eine zweite Möglichkeit, das Brodtener Steilufer zu erkunden, ist eine Entdeckungstour unterhalb des Steilufers über den Naturstrand. Dazu wandern Sie auf dem Hundestrand geradeaus weiter. Allerdings ist der Weg mühselig und erfordert etwas Fitness und Trittsicherheit. Uferabbrüche, herabgestürzte Bäume, Schwemmholz, Treibgut, Tang, Muscheln sowie Steine aller Größen und Formen sind zu überwinden. Sie gestalten die Route dafür abwechslungsreich und interessant. Unterwegs ergeben sich einige spektakuläre Ansichten des Steilufers. Erst nach etwa 3 km bietet sich die einzige Gelegenheit, auf den bequemeren Weg oben entlang der Steilkante zu gelangen.

☹ Der untere Uferweg kann unpassierbar sein, wenn die Ostsee Hochwasser hat bzw. bei Sturm die Brandung an den Klippen leckt. Der obere Uferweg ist ein äußerst beliebtes Ausflugsziel. An Tagen wie Ostern, wenn alle Welt unterwegs ist, ähnelt der Verkehr auf dem Küstenweg einer Autobahn mit Dauerstau. Der aufgewirbelte Staub beeinträchtigt dazu das Wandervergnügen etwas.

Kurz vor dem Hundestrand (km 3,4) wendet sich ein Fußweg hoch zum Villenviertel. Ein paar Meter nach rechts endet die Fahrstraße. Der Wanderweg setzt sich geradeaus durch ein Wäldchen fort. Wenig später weichen die Bäume zurück und Sie betreten das ❀ **Brodtener Steilufer ❶**. Namensgeber ist das nahe gelegene Dorf Brodten. Die Bezeichnung ist slawischen Ursprungs und bedeutet „Ort nahe dem Wasser“.

Brodtener Steilufer

Die Steilküste und das landwirtschaftlich genutzte Hinterland werden als Brodtener Winkel bezeichnet. Es ist der letzte unverbaute Küstenabschnitt. Im Mittelalter trieben Piraten hier ihr Unwesen und lockten mit Leuchtfeuern Schiffe zum Plündern in die Untiefen. Eine Zeit lang wurden die Findlinge im Uferbereich zum Bauen genutzt. Dadurch verlor die Küste jedoch ihren natürlichen Schutz. Die Steine funktionieren als Wellenbrecher, die die fortschreitende Erosion des Kliffs mindern. Ab dem 19. Jh. wurde daher die Steinentnahme untersagt.

Bis zu 1 Meter pro Jahr bricht vom Steilufer ab. Die feineren Teilchen werden durch küstenparallele Strömungen an die Ufer gespült und häufen sich in den Badeorten zu herrlichen Sandstränden auf. Die Fahrrinne der Trave muss dagegen regelmäßig ausgebaggert werden. Das gröbere schwere Gestein bleibt vor Ort liegen und übersät den Fuß des Steilufers.

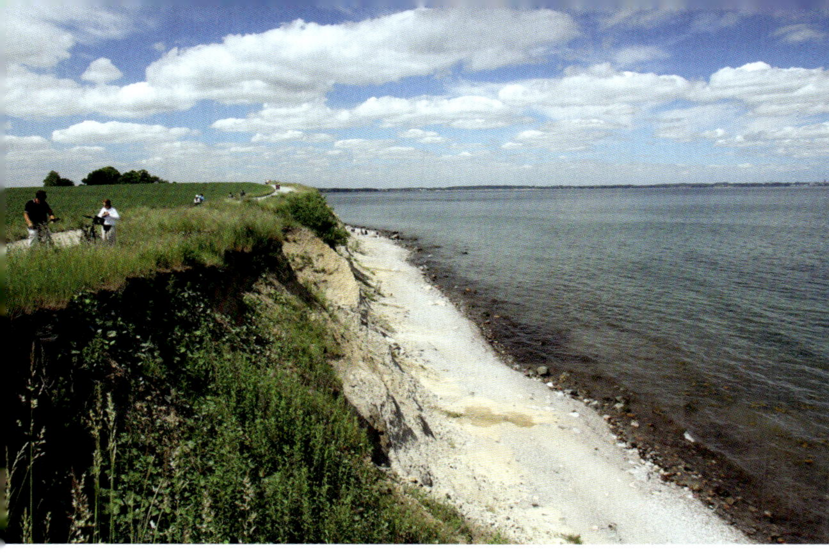

Strand oder Steiluferweg – beides erweist sich als ein fantastisches Naturerlebnis

Weil in den Kliffen eine der größten Uferschwalbenkolonien Deutschlands nistet, die Flachwasserzone ein beliebtes Rast- und Überwinterungsgebiet für Zug- und Wasservögel darstellt und zahlreiche Pflanzen einen einzigartigen Lebensraum finden, steht das Gebiet unter Landschaftsschutz. Es ist nicht erlaubt, die Steilhänge künstlich zu sichern. Sie müssen den natürlichen Elementen überlassen bleiben.

Wind und Wasser „knabbern" kräftig an der Steilküste, wie die Reste des alten Küstenweges beweisen. Immer wieder muss die Strecke weiter ins Landesinnere verlegt werden. Dies führte mehrmals zum Streit mit den privaten Eigentümern, denn das Wegerecht bzw. das Land muss von den Landwirten gepachtet werden. Die letzte große Auseinandersetzung konnte 2013 beigelegt werden und die Wegquerung ist nun bis 2023 gesichert.

Immer entlang der Steilkante erleben Sie einige atemberaubende Ausblicke über die Kliffe hinaus auf die Ostsee und über die Küste. Ungewöhnlich gestaltete Sitzbänke – wahre Kunstwerke der Metallverarbeitung – greifen Tiermotive auf und laden zum Verweilen und Bewundern ein.

Das beliebte Ausflugs- und Erlebniscafé **Hermannshöhe ❷** (km 5) besitzt einen großen Außenbereich mit Aussichts- und Spielwiese und etlichen Strandkörben für die gemütliche Rast.

✕ Hermannshöhe, Hermannshöhe 1, 23579 Lübeck-Travemünde, ☏ 045 02/888 54 25, info@die-hermannshoehe.de, www.die-hermannshoehe.de, Do bis So 11:00 bis 18:00, in der Saison tgl., Wickeltisch, Kinderstuhl, Spielplatz

Knapp 1 km vor Niendorf verbindet eine **Treppe ❸** (km 6,5) den oberen mit dem unteren Uferweg. Am Ende des Steilufers (km 7,4) bei den ersten Häusern schwingt sich eine stark abschüssige und kurze, enge Kurve hinab zum Bohlenweg am **Niendorfer Strand**. Dieser endet im Ortszentrum beim Meerwasserhallenbad (km 8,4). Niendorf ist im Vergleich zum benachbarten mondänen Travemünde eher beschaulich und wird von Familien mit Kindern bevorzugt. Der kleine, urige Hafen mit seinen Fischerbooten ist ein hübsches Postkartenmotiv. Dabei erhielt das Bauerndorf erst 1817 die Fangrechte und der Fischerhafen entstand erst 1920, ist also gar nicht so alt.

i Tourismusinfo Niendorf/Ostsee, Strandstr. 121A, 23669 Timmendorfer Strand, ☏ 045 03/35 77 60, info@timmendorfer-strand.de, www.niendorf-ostsee.de, Mo bis Fr 9:00 bis 17:00, Sa/So 13:00 bis 17:00

Strand 15.5. bis 14.9. gebührenpflichtig, € 3/Tag ab 16 J.

♦ Meerwasserhallenbad, Strandstr. 133, 23669 Niendorf/Ostsee, ☏ 045 03/54 56, schwimmbad@timmendorfer-strand.de, www.meerwasserhallenbad-niendorf.de, Mo/Di und Fr bis So 10:00 bis 18:00, Mi 10:00 bis 18:15, Do 11:00 bis 20:00, für Frühschwimmer Mi und Fr 7:00 bis 8:00, Erw. € 5, Kind 1-16 J. € 2, Familie (2 Erw. + Kind) € 10, weitere Kinder je € 1,50

mehrere, Tipp: Niendorfer Fischmarkt am Hafen, Mai bis Okt jeden ersten So im Monat

⌘ Vogelpark Niendorf, An der Aalbeck, 23669 Timmendorfer Strand, ☏ 045 03/47 40, www.vogelpark-niendorf.de, tgl. 9:00 bis 19:30, Nebensaison 10:00 bis Dämmerung, Erw. € 12, Kinder 3 bis 15 J. € 6, im Winter ermäßigte Preise, u. a. wegen einer bemerkenswerten Eulensammlung und vieler exotischer Vögel einer der interessantesten Vogelparks deutschlandweit